아버지의 서재

오래된 책들의 슬픈 이야기
아버지의 서재

김호경

안나푸르나

차례

책을 사랑한 아버지와 문약한 아들 ──── 9
탄자니아 혹은 세네갈 아니면 상파울로 ──── 19
그대여, 돌을 던져라 ──── 23
32분 후에 알게 된 사실 ──── 25
잊을 수 없는 두 개의 주소 ──── 30
프롤레타리아 문학을 좋아하면 어떻게 될까 ──── 35
호남선 야간 완행열차 ──── 42
원래 나의 집이 아니었다 ──── 54
저승 가는 여비는 6만원 ──── 65
한 인간의 흔적은 쉽사리 지워지지 않는다 ──── 74
책을 사랑하는 사람은 가난과 친구가 된다 ──── 79
갈 이유가 없으며, 가지 못할 이유도 없다 ──── 86
멈추어 버린 1등, 그러나 아직도 늦지 않았다 ──── 99
IQ와 공부는 아무런 관련이 없다 ──── 107

결혼은 여러 사람에게 독이 될 수 있다	113
10년과 1년	124
현명하거나 미련하거나 잘못을 되풀이 한다	132
아버지의 집은 아버지의 집이다	142
마지막 승자는 누구일까?	147
소유와 죽음의 관계	156
방법이 없는 것은 아니다	160
아버지의 서재	166
103일 만의 해후	180
물려줄 수 있기를 소망한다	186
나는 여전히 어리석다	193
에필로그	197

일러두기

* 이 책에 등장하는 사람들의 이름, 장소, 사건이 현실에 존재하는 것은 우연의 일치 혹은 소설적 상상력에 불과합니다.
* 책의 서지 사항 중 일부는 실제와 다를 수 있습니다. 책의 '제목, 저자명, 출판사명'은 간행된 당시의 그대로 표기했습니다. 예컨대 1976년 간행된 이병주의 <철학적 살인>은 <哲學的 殺人>으로 표기했습니다.
* 집필에 도움을 준 한국미래사회교육원 김수형, 한티미디어 박재인에게 감사를 표합니다.

"내 아버지가 누구였느냐는 것은 문제가 안 된다. 중요한 것은 내가 아버지를 어떤 사람으로 기억하느냐는 것이다."

― 앤 섹스튼

책을 사랑한 아버지와 문약한 아들

1998년 가을 어느 날, 시골 고향집에 갔을 때 아버지의 일기를 우연히 보았다.

오늘 趙 先生(조 선생)과 朴 先生(박 선생)과 추어탕 점심을 먹었다. 食代(식대)는 趙 先生이 냈고, 茶代(차대)는 朴 先生이 냈다. 내가 한번 待接(대접)하려 했으나 못하고 말았다. 나의 人生 後半(인생 후반)이 왜 이렇게 되었는지 심히 괴롭다.

그때 아버지는 교사 생활 40년을 넘어서고 있었다. 서울 대기업의 부장과 거의 비슷한 연봉을 받았다. 아버지와 엄마가 낳은 네 명의 딸과 한 명의 아들은 모두 대학을 졸업하고, 몇몇은 결혼을 하고, 몇몇은 직장생활을 하고 있었다. 모두 외지로 나가 자신의 밥벌이를 했다. 아버지는 평생 음주, 흡연, 도박, 종교활동, 주식투자, 빚놀이, 아파트투기, 땅투기를 하지 않았다. 그런데 왜 동료 선생님들에게 추어탕 한 그릇, 커피 한 잔을 사지 못했을까? 무엇이 아버지의 인생 후반을 그렇게 '괴롭게' 했을까?

22년이 흘러 코로나19가 전 세계인들을 질식시키던 2020년 어느 날, 낯선 번호로 첫 번째 메시지가 왔다. 나는 무심히 메시지를 읽었다. 가을이 한창이었다.

아빠는 전주 00병원에 입원하셨고, 엄마는 익산 00요양원에 계시다. 아빠는 오래 살지 못할 것으로 보인다.

나는 메시지를 지웠다. 당연히 번호도 저장하지 않았다. 1분 후 그 번호로 다시 메시지가 왔다.

참, 나는 짠나이다.

'짠나'는 작은누나의 줄임말이다. 내가 말이라는 것을 하기 시작했을 때 큰누나를 '쿤나', 작은누나를 '짠나'라 불렀다. 그래서 우리 가족은 첫딸 김윤경을 쿤나라 불렀고, 둘째 딸 김현경은 짠나라 불렀다. 아버지도 엄마도 나의 여동생 둘도 그렇게 불렀다. 여동생들은 큰언니, 작은언니라 불러야 했음에도 우리 집안에서는 쿤나, 짠나가 올바른 그리고 오래된 호칭이었다.

굳이 짠나라 밝히지 않아도 나는 메시지를 보낸 사람이 작은누나라는 것을 알고 있었다. 여동생들이 나에게 "───계시다", "───보인다"라고 하댓말을 하지는 않을 것이기 때문이었다. 또 나의 전화번호를 알고 있지도 않을 것이었다. 나는 두 번째 메시지도 즉각 지웠다.

아버지는 하나밖에 없는 아들인 나를 늘 걱정했다. 몸이 약해 힘든 일을 잘하지 못했으며, 추위를 많이 타 겨울이면 이불을 둘러쓰고 살았다(지금도 나는 10월이면 내복을 입기 시작해 다음해 5월이 되어야 벗는다). 운동은 젬병이었고, 음악도 소질이 없었으며, 도전정신도 없었고, 리더십도 없었고, 싸움도 못했다. 바둑이나 장기를 아무리 오래 두어도 실력이 늘지 않았다. 단 한번도 백돌을 쥐고 바둑을 두어본 적이 없다. 고등학교 졸업 후 친구들과 동시에 당구를 배우기 시작했는데 다른 녀석들은 곧 150~200이 되었으나 나는 겨우 50에서 멈춘 뒤 더 이상 당구 큐대를 잡지 않았다. 집안에서는 까불까불하면서도 밖에 나가면 말 한마디를 제대로 못했다. 그런 나를 엄마는 꾸짖었다.

"요 방안퉁수야, 커서 뭐가 될래."

또 나는 눈물이 많았다. 감성적이어서 눈물이 많은 게 아니라 겁이 많아서였다. 훗날 홍사용(洪思容)의 시를 읽었을 때 그 시인이 어떻게 '나'라는 사람을 알았을까, 깜짝 놀랐다.

나는 왕이로소이다 나는 왕이로소이다 ─ 十王殿(시왕전)에서도 쫓기어난 눈물의 왕이로소이다.
─ 홍사용 '나는 왕이로소이다', 1923년, <白潮 백조> 3호

그러나 아버지의 진짜 근심은 다른 곳에 있었다. 아들이 공부를 못한다는 사실이었다. 공부만 잘한다면 나의 모든 단점을 한번에 뒤집을 수 있었으나 현실은 그러하지 못했다. 국민학교 때 누나 둘이 항상 반에서 1~2등을 한 것과 달리 나는 40등 안팎이었다. 3학년 겨울방학에 들어가던 날 성적표를 가지고 와 아버지에게 내밀었다. 63명 중에서 42등이었던 것을 기억한다. 아버지는 얼굴을 찌푸리고 한숨을 내쉬었다. 중학교 1학년 큰나가 내 머리를 쓰다듬으며 위로 및 격려했다.
"괜찮아. 4학년에 올라가서 잘하면 돼."
3학년 때 42등을 한 아이가 4학년 때 30등이라도 할 수 있을까?

나는 7살에 국민학교에 들어가서야 한글과 숫자를 배우기 시작했다 (지금은 엄마들의 극성으로 3~4살부터 한글도 배우고 영어도 배우지만 예전에는 학교에 들어가서야 배웠다. 글을 일찍 배우는 것이 꼭 좋은 것만이 아니라 생각한다).
한글을 배운 후 아버지의 서재에 꽂혀있는 책들 중에서 제목이 도저히 이해되지 않는 책이 있었다. 케이스에 들어있는 두꺼운 12권짜리 책이었는데 위에는 한문이 써 있고, 아래에는 숫자가 써 있고, 그 아래에 작은 글씨로 제목이 또 써 있었다.

ㄱ-공, 공-기, 기-델, 델-모, 모-벽, 벽-생, 생-신, 신-왕, 왕-자, 자-청, 청-학, 학-힛

나는 그 제목들을 하루에도 서너 번씩 읽으면서 '공기, 생신, 왕자' 3가지는 알겠는데, 나머지는 도대체 무슨 뜻인지 궁금하기만 했다. '기델'은

무엇이고, '델모'는 무엇인가? 가장 궁금한 단어는 마지막 '학힛'이었다. 도대체 '학힛'이란 무엇인가?

4학년이 되었을 때 그것이 백과사전의 분류 항목이라는 것을 스스로 깨달았다. 즉 1권은 'ㄱ~공'까지를 수록해서 해설했고, 2권은 '공~기'를 수록 해설한 것이고, 마지막 12권은 '학~힛'까지를 해설한 것이었다. 그렇게 學園社(학원사)에서 펴낸 <世界百科大事典 세계백과대사전>의 비밀을 혼자 힘으로 풀어냈다.

그러나 나는 궁금증은 강했지만 누군가에게 그 뜻을 물어 밝혀내는 탐구정신은 없었다. 그것이 공부를 못하는 원인이었다.

* 2000년대 중반, A 경제신문 기자가 쓴 경제에세이의 교열/교정을 보아달라는 의뢰가 들어왔다. 그동안 신문에 쓴 칼럼을 묶어 책으로 펴낸다는 것이었다. 기자는 한 대목에서 <오즈의 마법사>(The Wonderful Wizard of Oz)에 대해 설명했는데, 소설의 무대가 되는 오즈(Oz)는 금(金 gold)의 세계라고 주장했다. 즉 질량과 부피의 단위인 온스(ounce)를 'oz'로 표기하기 때문에 오즈의 마법사는 세계 경제를 움직이는 금의 이모저모(금본위제)를 풍자한 우화소설이라는 것이었다.

나는 출판사 직원을 통해 그 설명이 잘못되었다고 일러주었으나 다음날 돌아온 답은 "그 기자가 그것이 맞다"고 했으니 그대로 진행하라는 것이었다. 그래서 그대로 책이 출간되었다.

<오즈의 마법사>에 대한 해설은 분분한데, 정작 저자 바움(Lyman Frank Baum 1856~1919, 미국)은 아무런 언급도 하지 않았다. 사실, 소설가나 시인은 소설을 쓰고, 시를 쓸 뿐 자신의 소설이나 시에 대해 말하지 않는다. 다만 하릴없는 평론가들이 달라붙어 이러쿵저러쿵 말들이 많다. 바움이 <오즈의 마법사>를 쓸 때 책꽂이에 문서분류표가 꽂혀 있었다. 바

움은 예를 들어, A~D, E~J, K~N, O~Z로 분류를 해놓았다. O~Z를 보고 그 발음이 마음에 들어 무대를 Oz로 정했고, 책 제목이 The Wonderful Wizard of Oz가 된 것이다. 즉 Oz는 아무런 뜻이 없다
내가 소설가가 된 후 어렸을 때 'ㄱ공, 공기, 기델, 델모, 모벽, 벽생, 생신, 신왕, 왕자, 자청, 청학, 학힛'을 보고 궁금해 했던 것을 떠올려 <학힛의 마법사>라는 책을 썼다면, 사람들은 '도대체 학힛은 무엇인가?'를 놓고 이러쿵저러쿵 떠들어댔을 것이다. 아무런 의미 없다. 책을 읽을 때는 자신의 마음 가는 대로 그냥 읽으면 된다. 읽다가 재미없으면 집어 던지면 된다.

내가 공부를 못하는 중요한 이유 중 하나는 책을 좋아한다는 데 있었다. 1970년, 9살 3학년이 되면서부터 닥치는 대로 책을 읽기 시작했다. 기억나는 몇 권을 적어본다.

● <암굴왕>, 알렉상드르 뒤마, 소년소녀세계명작전집, 출판사 불명, 1970년 전후

* 훗날 나는 암굴왕(巖窟王)의 진짜 제목이 <몽테크리스토 백작>이며, 일본 추리소설가 겸 번역가 구로이와 루이코(필명은 루이코 쇼시[涙香小史])가 번역하면서 그 제목을 붙였다는 것을 알게 되었다.

● <아, 무정>, 빅토르 위고, 소년소녀세계명작전집, 출판사 불명, 1970년 전후

* 훗날 아이들은 이 책의 제목이 <장발장>이라고 일러주었고, 더 훗날 <레 미제라블>이 원래 제목이라는 사실을 알았다. 세계의 5대 소설을 꼽으라면 나는 빅토르 위고의 <레 미제라블>, 도스토옙스키의 <죄와 벌>, 나관중의 <삼국지>, 조지 오웰의 <동물농장>, 홍명희의 <林巨正 임거정>을

꼽는다.

● <15소년 표류기>, 쥘 베른, 소년소녀세계명작전집, 출판사 불명, 1970년 전후
● <달려라 래시>(Lassie Come─Home), 에릭 나이트(Eric Knight), 소년소녀세계명작전집, 출판사 불명, 1970년 전후
● <사랑의 학교>(Cuore), 에드몬도 데 아미치스, 소년소녀세계명작전집, 출판사 불명, 1970년 전후

* 의아함과 동시에 탄식을 안겨준 동화였다. 한국의 1970년대는 국민학교에서도 교사에 의한 폭력, 학생 사이의 폭력이 종종(그리고 자주) 행해지던 시절이었는데, 이탈리아의 학교는 그러지 않는다는 것을 알고 '정말 폭력없는 학교가 가능할까' 의아함이 들었고. '우리는 언제나 이런 학교가 되나!' 탄식을 했다.

● <국적없는 소녀>, 최요안, 아리랑사, 1971년

* 최요안(崔要安. 1916~1987)은 <아파도 웃는다>를 쓴 아동문학가 겸 방송극작가이다. 국민학교 5학년 때 아이들은 이 책의 제목을 보고 "남자가 왜 소녀가 들어간 책을 읽느냐"고 놀려댔다.

● <얄개전>, 조흔파(본명은 조봉순(趙鳳淳)), 출판사 불명

* 1960~70년대 학생 명랑소설의 효시로 평가받는다. 1954년 학생 잡지 <學園 학원>에 연재되었으며, 그해에 영화 '고교얄개'로 제작되었다. 나는 이 책을 단행본으로 읽었는데 출판사에 대한 기록은 찾지 못했다.

그 외에 강소천의 <꿈을 찍는 사진관>, 이원수의 여러 동화들, 윤석중

의 동화들, 방인환의 동화들을 읽었다. 모두 흑백 삽화가 중간중간 들어간 책들이었다. 세계 명작은 로버트 R. 스티븐슨의 <보물섬>, 다니엘 디포의 <로빈슨 크루소>, <셜록 홈즈> 탐정소설 시리즈 등을 청소년용 축약본 소설로 읽었다. 특히 <로빈슨 크루소>는 너무나 흥미롭고 감동적이어서 혼자 뒷마당에서 '무인도 놀이'를 하고는 했다.

내가 공부를 하지 않은 것에는 사실 아버지도 일정 책임이 있다,고 나는 생각한다. 집에 재미있는 동화책이 많기도 하려니와 내가 국민학교 4학년 때(11살)인 1971년 여름 어느 날, 한 세트의 백과사전을 사온 것이 적지 않은 영향을 미쳤다.

● <世界文章大百科事典 세계문장대백과사전>, 이어령 편저, 三中堂(삼중당), 전5권, 양장본, 케이스입, 칼라판, 1971년 7월 15일 重版(중판), 특가 12,000원

이 책을 보는 순간 나뿐 아니라 나의 누나들도 눈이 휘둥그레졌다. 세상에 어떻게 이런 책이 있단 말인가! 감탄에 감탄을 거듭했다. 단어들을 가나다순으로 싣고, 그 단어에 대한 세계 여러 나라의 설명을 덧붙인 문장 백과사전이었다.

예컨대 '꾀꼬리'를 찾으면,

꾀꼬리에 대한 격언과 속담, 어록, 시와 묘사, 고사(古事)와 일화, 어휘와 명칭이 그림과 함께 일목요연하게 정리되어 있었다. 또 책 중간중간에 컬러 사진이 실려 있어 볼거리도 풍성했다. 나와 누나들은 이 책을 열심히 읽고, 보았는데, 특히 고사와 일화가 재미있었다. 그래서 아무 쪽이나 펼쳐도 시간가는 줄 모르고 읽었다. 11살밖에 되지 않은 나는 당연히 이

어령(李御寧)이라는 사람이 누구인지 몰랐지만 저자가 정말 박학다식한 노력가라고 판정했다. 중학교에 들어가서야 그가 '저자'가 아니라 '편저(編著)자'라는 사실을 알게 되었다.

여하튼 어린 나에게 재미와 더불어 글의 세계를 알게 해준 책이었고, 공부보다 더 재미있는 세계가 있다는 것을 알게 해준 책이었다.

 * 중학교에 들어가 한문을 배우면서 辭典(사전)과 事典(사전)이 다르다는 것을 알았다. 그런 의미에서 한문은 한국인의 삶에 중요한 요소인데도 학교에서 한문을 가르치지 않는 것에 대해 의아한 생각이 든다.
 * 이 사전은 2021년 현재, 교보문고에서는 1971년 6월 초판본은 10만 원, 1984년 3월 판본은 15만 원에 판매되며(초판이 5만 원이나 더 싸다는 것이 이해되지 않는다), 인터넷 헌책방 '북코아'에서는 초판본을 8만 원에 판다. 그 외에도 서너 곳에서 이 책을 판매한다. 글과 관계된 일을 하는 사람이라면 이 사전을 꼭 구비하기를 권한다.

아버지는 아들의 책읽기가 걱정이었다. 투지와 도전정신 약한 아들이 문약해지는 것을 못마땅해 했다. 그러나 책읽기를 멈추게 할 수는 없었다. 그렇게 아주 많은 세월이 흘러 우연히 <오픈북>이라는 책을 읽었다.

 ● <오픈북>(An open book: coming of age in the heartland), 마이클 더다(Michael Dirda), 을유문화사, 2007년

 * 어렸을 때부터 책읽기를 좋아한 저자가 평생 읽어온 책을 정리한 '책 소개 책'이다. 저자는 책을 많이 읽은 덕분인지 <워싱턴포스트>의 서평 담당 기자가 되었고, 퓰리처상도 받았다. 미국이니까 가능한 일이라 생각한다.
 * 내 서가에는 이른바 '책 소개 책'이 여러 권 꽂혀 있는데, 사실 '책 소개

책'은 읽을 만한 책이 못된다. 이런 책을 10권 읽을 시간에 1권의 고전명작을 읽는 것이 삶에 도움이 된다.

할머니는 손자가 책 읽는 모습을 보며 걱정을 토로했다.
"이야깃책 좋아하믄 난중에 가난허게 사는디……"
그 예측은 정확히 들어맞았다.

탄자니아 혹은 세네갈 아니면 상파울로

짠나의 메시지는 아무런 느낌이 없었다. 나는 유튜브 검색창에 <마지막 한 걸음까지>(So weit die Füße tragen)를 입력했다. 운이 좋게도 2시간 31분짜리 영화를 공짜로 볼 수 있었다. 더 운이 좋게 그 독일 영화는 한글 자막도 있었다. 굳이 평점을 매기라면 별 3개 반이었다. 50세가 되기 전에 보았다면 '결코 포기하지 말라'라는 결의감을 느꼈겠지만 59세의 남자가 감동 받기란 쉽지 않았다. 단, 수용소 소장 카마네프가 마지막으로 읊조린 말은 가슴에 깊이 새겨졌다.

"최후의 승자는 나다."

새벽 2시 15분, 짠나의 메시지는 까마득히 잊고 나는 평화롭게 잠이 들었다.

4~5년 전부터 나는 1년에 두어 차례 죽음의 장소에 대해 생각했다. 내

가 어디에서 죽을 것인가가 아닌, 아버지(혹은 엄마)가 어디에서 죽음을 맞이할 것인가가 아닌, 두 사람 중 한 명의 죽음 통보가 왔을 때 나는 어디에 있어야 가장 좋을까에 대한 생각이었다.

가장 좋은 장소는 탄자니아의 작은 도시 아루샤(Arusha) 혹은 세네갈의 고레섬(Island of Goree), 아니면 브라질 상파울로였다. 세 곳 모두 가본 적이 있었다(이제 이곳들을 영원히 가지 못하고 죽을 것이다). 모두 한국과 동쪽으로 혹은 서쪽으로 정반대되는 곳이었다. 운이 좋으면 이틀에 돌아올 수 있지만 운이 나쁘면 사흘이 걸리는 도시들이었다.

만약 세네갈 고레섬에 있을 때 아버지 사망 메시지를 받고 부랴부랴 출발한다면, 고레섬에서 1시간 이상을 기다려 배를 타고 수도 다카르로 간 뒤 호텔에서 짐을 챙겨 공항으로 이동해 최소 4시간 이상 기다린 다음 아랍에미리트 두바이로 가는 비행기를 14시간 타고, 두바이국제공항에 내린 뒤 또 5시간 이상을 기다려 인천공항으로 가는 비행기를 9시간 타고 한국에 들어온 뒤, 공항버스로 1시간 동안 강남터미널로 이동해 고속버스를 3시간 타고 전북 익산으로 향한 후 택시를 타고 장례식장에 도착한다면 장례식은 모두 끝나 있을 것이었다. 탄자니아에 있건, 상파울로에 있건 마찬가지였다.

사람들이 아버지(혹은 엄마)의 장례식에 들러
"이 집 아들은 어디 있소?"
물으면, 짠나가
"아프리카에 있어서 제 시간에 오기 어렵습니다."
대답하면
"저런! 안타까운 일이네…"

혀를 끌끌 차면서도 맏상주 외아들의 불참을 이해하거나 용서할 것이었다. 아니면 속으로 욕을 해대겠지만 저 세상으로 떠난 고인의 인품을 생각하여 허허로운 표정으로 장례식장을 나설 것이 분명했다. 사람들이 나를 비난하는 것쯤은 눈꺼풀 위에 앉은 티끌보다 가벼운 것이었다.

그러나 나의 그런 바람은 코로나19 덕분(?)에 희망사항이 되고 말았다. 코로나가 아니라 한들 죽음의 시간을 예측하는 것은 애초부터 불가능하기에 어차피 희망사항에 머물 수밖에 없었다. "죽음의 시간 예측은 불가능하다"는 사실은 곧 입증되었다. '아빠는 오래 살지 못할 것으로 보인다'는 첫 메시지가 오고 두어 달 지날 때까지 후속 메시지가 없었기 때문이었다. 그리고 겨울이 찾아왔다.

어느 목요일 오후에 아내가 전화를 걸어왔다.

"금방 민하와 통화했는데 이번 토요일에 아이들 데리고 와서 하루 자고 갈 거야."

인천에 사는 딸 민하가 외손자 혁진과 민수를 데리고 온다는 연락이었다. 첫째 혁진은 5살이었고, 둘째 민수는 3살이었다. 아이들을 떠올린 순간 나는 너무 기뻐 휘파람을 불었다. 그때 메시지 하나가 도착했다.

> 아빠가 위독하시다. 어제 의사와 상의했는데 가족들이 임종 맞을 준비를 하라고 했다. 엄마는 건강하지만 치매가 심해서 아무것도 알지 못한다.

나는 눈을 감고 기도했다.

"아버지가 이번 토요일에만 돌아가시지 않게 해주세요."

우리 부부가 외손자들을 만나는 것은 한 달에 두 번 혹은 한 번이었고, 딸이 아이들을 데리고 와서 하룻저녁 자는 가는 행사는 석 달에 한번 있을까 말까였다. 나는 아버지가 토요일에 저승사자를 만나 그 좋은 행사를 망치지 않기를 바랐다. 의사가 섣부른 판단을 했기를 바랐다.

짠나의 메시지를 지운 후 컴퓨터를 끄고 가방을 챙겨 마포 연남동 집필실을 나섰다. 그 집필실은 나의 돈으로 마련한 곳이 아니라 회사 후배가 차린 H 출판사 지하 80평 창고 구석에 책상 하나를 가져다놓고 'Words & Sentence'라 이름 붙인 작은 공간이었다. 처음에는 매일 출퇴근했으나 몇 달이 지나면서 낮보다 밤에 일하는 것(글을 쓰거나 교정을 보는 일)이 더 효율성이 높아 지하에서 밤을 새는 일이 많았다. 집에 있는 책들을 차례차례 가져오고, 출판사 이곳저곳을 다니며 책을 얻어오다 보니 내가 차지한 자리가 차츰 넓어지기 시작했다. 처음에 2평 남짓했으나 얼추 3천 권이 넘는 책으로 인해 15년 만에 10평 정도로 늘었다.

1호선 전철을 타고 동묘앞 역에서 내렸다. 황학동 만물시장(청계천 고물상가)을 뒤지기 위해서였다. 첫 손자가 장난감 자동차를 극히 좋아한다는 것을 알고 난 후부터 2주일에 한번은 꼭 들르는 곳이었다(나의 집에는 장난감 자동차가 약 450대 있다). 두 시간 넘게 다니면서 문짝 하나가 없는 독일제 녹색 짚 1대 3천 원, 현대자동차 마크가 붙어있는 파란색 트럭 변신 로봇 1개 5천 원, 미니특공대 피규어 4개를 5천 원에 구입했다. 손자들이 찾아와 기뻐할 모습이 그려져 내 마음은 한없이 설렜다.

그대여, 돌을 던져라

인터넷에서 흥미로운 기사 하나를 발견했다.

2년간 관리비가 연체된 한 아파트에서 부패한 남성의 시신이 발견돼 경찰이 수사에 나섰다.

K시의 한 아파트에서 관리비가 너무 오래 연체되어 관리소장 A가 방문했다가 시신을 발견해 경찰에 신고했으며, 부검 결과 죽은 지 2년이 넘었다는 기사였다. 죽은 남자는 65세였다. 첫 번째로 놀라운 것은 관리비를 내지 않은 지가 2년이 넘었는데도 아무런 조치가 취해지지 않았다는 사실이었다. 댓글의 절반은 "어떻게 2년씩이나!"라면서 관리사무소와 이웃들을 비난하는 글들로 채워졌다.

두 번째 놀라운 사실은 그에게 32세의 아들이 있다는 점이었다. 그 역시 K시에 살고 있었다. 댓글의 절반은 그 아들에 대해 "세상에 저런 불효자가 있을까!", "사람의 도리를 다하지 않은 막돼먹은 놈", "너도 똑같이 당하리라"라는 비난과 저주의 글들로 채워졌다.

조선 명종 때 충청도가 한때 '청홍도(淸洪道)'로 불린 적이 있었다. 역사책에는 양재역 벽서사건으로 충주(忠州)가 유신현(維新縣)으로 강등되면서 도의 이름도 바뀌었다고 기록되어 있다. 그러나 벽초(碧初) 홍명희의 소설 <林巨正>(임거정)을 보면 충청도에서 아들이 아버지를 죽인 사건이 일어나 도의 이름을 바꾸었다고 쓰여 있다. 홍명희의 소설적 상상인지 실제인지 확인할 수 없으나 효가 강조되던 조선시대에도 존속 폭행이나 살인이 있었을 것이라고 능히 짐작할 수 있다. 그만큼 역사가 길다.

아버지가 용돈을 주지 않는다고 몽둥이를 휘두른 50세 아들이 있는가 하면, 평생 구박을 받았다는 이유로 아버지를 계획 살해한 아들이 있고, 재산 분배에 불만을 품고 아버지와 어머니에게 칼을 휘두른 아들도 있는 것에 비하면 그 32세의 남자는 정녕 착한 아들이었다. 그는 어쩌면 생업에 너무 바빠 2년 동안(어쩌면 그 이상) 아버지를 찾아가지 못했던 것뿐이었으리라.

아버지를 죽인 아들, 아버지를 때린 아들, 아버지를 미워한 아들, 아버지에게 칼을 휘두른 아들, 아버지와 천연(天緣)을 끊은 아들을 비난하는 세상 사람들에게 나는 말한다.

"너희 중에 효자, 효녀가 있다면 그 아들에게 돌을 던져라."

32분 후에 알게 된 사실

 코로나19는 해결되지 않았고 또 새해를 맞았다. 1월 4일, 월요일 저녁 6시 20분. 낯선 번호로 메시지가 왔다.

 아빠가 돌아가셨다. 6시 15분, 익산 장례식장

 작년 가을 이후 석 달만이었다. 시계를 보았다. 6시 47분이었다. 메시지가 온 후 27분 후에야, 아버지가 사망한 후 32분 후에야 본 것이었다. 짠나는 친절하게도 5분만에 내게 그 사실을 알려주었으나 나는 32분 후에야 그 사실을 알게 되었다 훗날 신이 나에게
 "32분 동안의 행적을 밝혀라."
 라고 준엄하게 질책한다면 코로나19 핑계를 대는 것이 최선의 방책이었다. 안전 안내문자에 질리던 시기였기 때문이었다. 처음으로 드는 생각

은, 기억해야 할 날짜 하나가 생겼다는 것이었다. 그때 나는 연남동 지하 집필실 -사실은— 어두운 창고 한구석에 있었다. 몹시 추운 저녁이었다. 출판사에서 의뢰받은 유명 인사의 평전을 대충 마무리하기 직전이었다. 버릇처럼 메시지를 지우려다 멈추었다. 식은 커피와 함께 던힐울트라파인컷 담배 한 대를 다 피운 후 아내에게 전화를 걸었다.

"시골에서 전화가 왔는데... 아버지가 방금 돌아가셨다네."

"… …"

"… …"

"언제?"

"6시 15분... 벌써 40분이 지났네."

"언제 출발할 거예요? 집으로 와서 나도 함께 가야지."

"아냐. 나 혼자 갔다 올게."

"혼자? 내가 가지 않으면 사람들이 뭐라고 할까?"

"당신에게 뭐라고 할 사람은 없어. 나 혼자... 처리하고 올게."

나는 '처리'라는 단어가 올바른 용법인지 혹은 적합한 낱말인지 잠시 혼란이 일었다.

"언제 갈 거예요?"

"내일 아침 일찍."

"참, 슬픈 일이네."

서둘러야 했다. 작성하던 문서를 저장하고, 컴퓨터를 끌까 하다가 그대로 둔 채 지하 집필실을 나섰다. 차가운 겨울바람이 얼굴을 감쌌다. 골목을 두 번 꺾어 박성자미용실로 들어갔다. 여사장 박성자는 40대 후반의 남자 머리를 마무리하는 중이었다.

"잠끔만 기다리세유. 금방 끝나유."

그녀는 손이 빨랐다. 남자가 일어서고 돈을 지불했다. 나는 그 자리에 앉았다. 김성자는 시계를 보았다.

"문을 막 닫으려던 참이었는디… 코로나 땜시 사람들이 머리도 안 자르고, 또 겨울이라."

거울 속의 나는 노숙자였다.

"마스크를 벗어야 해유."

머리를 자르려면 마스크를 벗어야 한다는 사실을 그때 처음 알았다. 그렇다면 2020년 1월 이후 1년 동안 한번도 머리를 자르지 않았다는 뜻인가? 김성자는 손이 아주 빨랐다. 마지막 손님을 후다닥 해치우고 집에 가고 싶다는 욕망이 눈에 넘쳐났다. 5분 만에 나는 자리에서 일어났다. 59세의 남자가 50대 초반의 남자로 변해 있었다. GS25에서 자연갈색 염색약 하나를 사가지고 사무실로 돌아왔다.

집에서 싸온 도시락을 전자렌지에 데워 유튜브 15분짜리 <무한도전>을 보면서 먹었다. 염색을 마치자 40대 후반의 남자로 변해 있었다. 이제 하행 차표를 예매해야 했다. 고속버스와 KTX를 비교한 후 KTX를 선택했다. 용산발 아침 8시 40분, 32,000원이었다. 돌아오는 기차표는 예매하지 않았다.

죽음에 관한 수없이 많은 시 중에 가장 마음에 드는 시 한 편을 읽었다.

죽음이 당신의 문을 두드리는 날, 그대는 무엇을 내놓으시겠습니까?
오, 나는 나의 손님 앞에 삶으로 가득 찬 그릇을 차려놓겠습니다.

결코 빈 손으로 죽음을 떠나보내지 않을 것입니다.
― 타고르, '기탄잘리' 90, 1910년

* 기탄잘리는 '신(神)에게 바치는 송가(頌歌)'라는 뜻이며, 인터넷에 전문이 수록되어 있다. 우리나라에서는 1923년 김억(金億)이 최초로 번역 출간했다.

'그 책이 어디 꽂혀 있을까?'
책상 앞 왼쪽 서가 오른쪽 위 두 번째 칸에서 먼지 쌓인 낡은 시집을 겨우 꺼냈다. 황지우의 <새들도 세상을 뜨는구나>(문학과지성사, 1983년) 54쪽을 펼쳐 시 '旅程'(여정)을 읽었다.

사람이 죽고, 또 울고불고 해도, 한 사람의 죽음을 치어내는 일 역시 살아있는 사람들의 살아가는 共同行事(공동행사)였다.

죽음이 아닌, 죽음 이후를 맞이한 사람들의 행태를 가장 잘 묘사한 시라 생각한다. 나는 황지우 시인을 한번 만난 적이 있다. 2015년 박근혜 정부에서 실시한 '광복 70주년 기념 유라시아 친선특급' 행사에 국민대표 70명 중 1명으로 (운좋게) 선정되어 21일 동안 시베리아횡단열차를 타고 러시아와 유럽을 탐방했다. 그때 황지우 시인도 참여했는데 나는 짧게 내 소개를 하면서 인사를 했다. 그는 ―나의 관점에서― 무관심하게 고개만 한번 까딱했다. 어쩌면 까딱도 하지 않았을 것인데 '그래도 까딱은 했다'라고 위안을 삼은 것인지도 모른다.
어쨌거나 그의 시 '旅程'을 또박또박 한 줄씩 읽고 나자 시계는 밤 9시

46분을 지나고 있었다. 아버지가 돌아가시고 3시간 31분이 지났다. 그 영혼은 밤하늘 어디만큼 가 있을까?

잊을 수 없는 두 개의 주소

어떤 운 나쁜 사람은 그런 전화가 자주 와서 짜증난다고 하던데 나는 평생 한번 받아보았다(앞으로도 받지 않기를 바란다). 6년 전인 것도 같고, 10년 전인 것도 같다.

"이번 대통령 선거에서 몇 번을 지지합니까?"

"... 2번요."

* 나는 이른바 386세대이다. 이 세대는 ―어쩌면 나만 그런 것인지도 모르겠는데― 10여 년 넘게 1번은 집권당, 2번은 야당의 세월이었다. 그래서 투표라는 것을 할 때 항상 2번 아니면, 3번을 찍었다. 그것이 머릿속에 각인돼 정권이 바뀐 후에도 '투표는 무조건 2번'이라는 인식이 자리 잡고 있었다.

"2번이시군요. 그럼 2번에게 투표하실 계획입니까?"

나는 당황했다. 2번을 지지하면 당연히 2번에 투표하는 것 아닌가? 그러나 0.1초 후에 지지와 투표는 완전한 별개라는 사실을 깨달았다.

"아.... 어쩌면 그럴 것입니다."

나는 빨리 끊고 싶었지만 그는 여러 질문들을 속사포처럼 쏘아댔고, 나는 마음과 달리 7살 아이처럼 고분고분 대답했다. 전부 쓸데없는 질문들이었다.

"마지막 질문입니다. 본인이 아니라 아버지의 고향은 어디입니까?"

이 질문은 지역별 투표(예정) 성향을 알아보려 하는 것이었다. 나는 엉겁결에 또박또박 대답했다.

"전북 익산군 여산면 원수리 학동 177번지."

잠시 상대의 말이 멈추었다. 하하, 짧은 웃음소리가 들렸다.

".... 그렇게까지... 안 하셔도... 여하튼 감사합니다."

국민학교에 입학한 이후 무수히 많은 문서를 작성하면서 기록한 사항이 이름, 생년월일, 본적, 주소, 전화번호이다. 그때 작성한 본적이 '전북 익산(益山)군 여산(礪山)면 원수(原水)리 학(鶴)동 177번지'였다. 내 딸이 본적지를 물은 적이 한번도 없었다는 것을 떠올리면 본적지 기록의 풍습이 학교에서 사라졌다고 생각한다.

학동 177번지 뒤에는 높이 500여 미터의 천호산(天壺山)이 있다. 하늘 아래 호리병[壺]처럼 둘러싸인 외진 산골이라는 뜻이다. 다른 이름으로는 문수산(文殊山)이라 한다. 신라시대인 881년에 창건된 문수사(文殊寺)라는 작은 절이 있으며 석회암 동굴인 천호동굴이 있다. 길이는 680m라 한다. 1966년 천연기념물 제177호로 지정되었으며 영구 폐쇄된 동굴로 사람의 출입을 엄격하게 금지한다. 국민학교 3학년 때인 1970년 여름방학 때 사촌형 만경과 함께 호기롭게 동굴 탐사를 나섰다. 그러나 작은 동굴 입구는 철문이 쳐 있었고 주먹만한 자물쇠가 채워져 있었으며 낡은 팻말 하나가 비스듬히 매달려 있었다.

出入禁止

중학교에 다니던 만경 형이 '출입금지'라고 일러주었다. 그러나 철문은 망가져 있어 허리를 숙이고 몸을 비틀면 어른도 들어갈 수 있었다. 하지만 우리는 아무런 장비가 없었다. 플러시도 없었고 성냥과 초도 없었다. 또 고개를 들이민 순간 똥냄새가 너무 심하게 났다.

"그냥 돌아가자."

탐사를 쉽게 포기했다. 9살 소년에게 천연기념물이랄지 석회암 동굴이랄지 그런 것들은 무의미했다.

천호산에는 또 하나의 유명지가 있다. 천호성지(天呼聖趾)이다. 천호(天壺)라 쓰지 않고 천호(天呼)라 쓴다. 1839년 기해박해가 시작되자 충청도 일대의 가톨릭 신도들이 고향을 떠나 이곳에 은거하면서 마을이 형성되었다. 그러나 1866년 병인박해 때 여러 신도들이 죽임을 당해 순교자가 되었다. 천호(天呼)는 글자 그대로 해석하면 '하늘의 부름'이라는 뜻이지만

"하늘이시여!"

로 해석해도 될 것이었다. 오늘날 천호성지는 한국 가톨릭의 중요 성지 중 하나이다. 제264대 교황 요한 바오로 2세(Ioannes Paulus PP. II)가 1984년 5월 3일 한국을 방문했을 때 천호성지에도 왔었다고, 누군가 내게 일러주었다. 그러나 그 기록은 찾아볼 수 없다.

182년 전, 가톨릭 신도들은 왜 이곳으로 피난을 왔을까? 충청도에도 분명 숨을 곳이 있었을 터인데 왜 전라도 천호산 아래까지 왔을까? 당시 정황을 정확히 알 수는 없으나 나는 천호산과 그 일대가 그만큼 외진 곳이었기 때문이라 생각한다. 대원군의 명을 받은 관군의 추격을 피해 숨어 살면서 신앙을 지키기 좋은 곳이었다. 오죽하면 '호리병처럼 둘러싸인 곳'이라는 지명을 지녔을까!

그곳에서 1930년 아버지는 태어났다. 원래 형제자매가 몇 명이었는지는 지금 알 수 없다. 내가 고등학생이던 1970년대 후반 어느 날 할머니가 "12명의 자식을 낳았다"는 말을 한탄스레 한 적이 있었다. 내 귀를 의심하던 순간이었다. 그러나 한 여성으로서 자신이 낳은 자식의 숫자를 잊어버리거나 과장하거나 축소할 이유는 없었다. 12명의 자식 중에서 4명이 살아남았고 아버지는 둘째 아들이 되었다. 그것은 지극한 천행(天幸)이었다.

'익산군 여산면 원수리 학동 177번지'는 고등학교 2학년 때 나의 공식 문서에서 사라졌다. 봄 어느 날 저녁을 먹으면서 엄마가 식구들에게 중요한 사항을 공지했다.

"내일부터 너희들 본적지는 원수리 학동이 아니라 '이리(裡里)시 남중(南中)동 1가 88번지'이다. 본적지를 바꾸었다."

* 내가 어렸을 때 이리의 한문 지명을 裡理로 쓰는 사람이 간혹 있었다. 지금 네이버 지식백과를 보면 裡里라고 표기되어 있다. 지명의 한문을 잘못 쓰는 경우는 종종 발견된다. 경기도 문산은 汶山이 맞는 것 같은데 文山으로 표기되어 있는 것을 여러 곳에서 발견했다.

본적지를 바꿀 수 있다는 사실에 나는 깜짝 놀랐다. 엄마는 이런저런 사업(이라기보다 장사)을 했는데 제출할 서류 중에는 반드시 본적지 동사무소나 읍사무소에 가야만 발급받을 수 있는 것들이 있었다. 1970년대에 '이리'라 불리던 도시에서 여산까지 버스를 두 번이나 갈아타고 가는 일은 번거롭기 짝이 없었고, 돈도 만만치 않았으며, 서류 1장을 떼기 위해 반나절을 버려야 했다. 그 불편을 없애기 위해 본적지를 바꾼 것이었다. 나아가 아버지와 엄마는 자식들의 서류에서 본적지가 '리(里)'가 아니라 '시(市)'가 되어 어엿한 시민이 되기를 바랐던 것이었을 것이다.

그날 이후 내 본적지와 주소는 전북 이리시 남중동 1가 88번지가 되었다. 그러나 아직 무식했던 나는 본적지 위에 원적지(原籍地)가 있다는 사실을 알지 못했다.

프롤레타리아 문학을 좋아하면 어떻게 될까

큰집(아버지의 고향집)에는 할머니, 큰아버지, 큰어머니, 사촌누나, 사촌형, 사촌누나, 사촌남동생, 사촌여동생, 사촌남동생 9명이 살았다. 전북대학교에 다니던 삼촌은 학기 중에는 우리 집에서 살았고, 방학을 하면 큰집에서 살았다. 여름방학을 하면 아버지는 나와 쿤나, 짠나를 데리고 집을 나섰다. 20여 분을 걸어 이리농고 옆 버스정류장에서 시내버스를 타고 30분쯤 달려 금마(金馬)에서 내린 후 20여 분을 기다렸다가 여산행 시내버스를 타고 20분을 더 달려 신막(새술막) 정류소에서 내려 꼬불탕 길을 30분 걸어가면 큰집이 나왔다. 120분 걸리는 거리였다. 내가 결혼한 후 1989년 아내와 함께 엄마의 승용차로 갔을 때 14분이 걸렸다.

* 이리농고, 즉 이리농림고등학교(裡里農林高等學校)는 1922년 5월에 세워진 실업계 학교로 일제 강점기에 한반도와 일본에서 유명한 명문 농업

학교였다. 그러나 세월의 변화에 따라 1991년 이리농공전문대학으로 바뀌었으며, 1998년 익산대학이 되었다. 넓은 캠퍼스와 오래된 건물들이 운치를 자아낸다. 30년쯤 더 지나면 현재 인기 있는 학과들과 학교들의 상당수가 사라질 것이다.

큰집은 본채와 사랑채, 헛간, 외양간이 있었고 마당과 채마밭까지 합치면 500평쯤 되는 넓은 집이었다. 본채에 방은 2개였는데 마루를 지나 방안에 들어가면 벽에 흑백사진이 담긴 액자 2개와 농약회사 달력 하나, 수건 하나, 작은 거울 하나, 작은 괘종시계 하나가 걸려 있었다. 장롱도, 의자도, 탁자도, TV도, 침대도, 전축도, 책장도, 장식장도, 선풍기도, 냉장고도... 그 무엇도 없었다. 라디오 하나가 있을 뿐이었다. 밤이 되면 등잔불에 불을 켜고 동그란 밥상에 둘러앉아 옹기종기 밥을 먹었다. 나는 그 등잔불이 무척 신기했다. 1975년에야 전기가 들어가면서 사람들은 서서히 전기로 작동하는 제품을 사용하기 시작했다. 우리나라에 전기가 들어온 것은 1887년(고종 24) 3월 6일이다. 여산면 원수리 학동은 무려 88년 만에야 전기가 들어간 것이다.

시골에 살면, 여름이면 직접 기른 참외나 수박을 먹고, 가을이면 사과와 배를 먹고, 닭을 길러 매일 낳은 계란으로 찜을 해먹고... 이런 상황은 극히 드물었다. 내가 수십 년 동안 큰집에 다녔어도 과일을 먹는 것은 추석과 설날에만 가능했다. 시골 풍경을 그린 동양화(속칭 '이발소 그림')를 보면 아담하고 아름다운 산을 배경으로 낭만적인 물레방아가 돌아가고, 석양 무렵 아버지가 지게를 지고 집으로 돌아오고, 그 옆에 어머니는 낡은 싸리 소쿠리를 머리에 이고, 아이들이 그들을 향해 힘차게 뛰어가고, 그 아이들을 따라 개 두어 마리가 달려가고... 대략 이러한 전형적이고 정겨운 광경이 나온다. 그러나 나는 수십 년 동안 큰집에 다녔어도 마을 전체 50여 가구를 통틀어 개 한 마리를 본 적이 없었다. 사람 먹을 것도 부족한 데 개에게까지 줄 음식이 없었기 때문이었다!

내가 국민학교 4학년 때인 1971년 가을 어느 날, 한 여자가 그 동네로 시집을 왔다. 마을에서는 소소하게 잔치가 벌어졌다. 첫날밤을 치르고 이튿날 밤에 새색시는 밤에 집을 몰래 빠져나가 저수지에 몸을 던졌다. 그 새색시가 왜 투신자살을 했는지 아무도 알 수 없다. 나는 공포라 생각한다. '가난의 공포'이다. 가난은 부끄러움이 아니며 죄악도 아니라고 흔히 말한다. 다만 '남루(襤褸)'일 뿐이라고 시인 서정주는 읊었다.

> 가난은 한갓 남루에 지나지 않는다 ——— 우리들의 타고난 살결, 타고난 마음씨까지야 다 가릴 수 있으랴.
> — 서정주 '무등을 보며', <現代公論 현대공론>, 1954년 8월

* 2010년 늦가을 즈음에 이리중학교 동창 김세종, 최인규(두 사람에 대해서는 에필로그에서 설명한다)와 함께 고창에 가서 미당시문학관(未堂詩文學館 전북 고창군 부안면 선운리)을 탐방했다. 서정주 시인의 생가에 들어가자 뜻밖에도 친 남동생이 있었다. 우리는 그의 방에서—우리가 묻지도 않았는데도— "서정주는 친일파 시인이 아니다"라는 주장을 한참 동안 들었다. 여기에서 서정주의 친일행각을 논하려는 의도는 전혀 없다.

위당(爲堂) 정인보(鄭寅普)는 일제 말기 대표적 학자이자 지식인, 교육자, 독립운동가였다. 1940년 서울 중앙중학교 교사로 근무하다가 창씨개명이 내려지자 병을 핑계로 서울을 떠났다. 1943년 가족을 이끌고 전북 익산군 황화산(皇華山)으로 들어가 산중생활을 했다. 그리고 광복이 되어서야 다

시 서울로 올라왔다. 위당의 고향은 서울 종현(鍾峴, 명동성당 부근)이다. 그가 어떻게 아무런 연고도 없는 익산으로 가게 되었는지는 명확히 알 수 없다. 그러나 당대의 명망가였던 그는 돈, 명예, 직책보다는 민족의 자존심을 지켰다. 내가 만약 일제 강점기의 소설가였다면, 칼을 찬 일본 순사가 찾아와 "대일본제국의 쇼와 천황을 찬양하는 소설을 써달라"고 요구했다면 거절할 수 있었을까?

유치환은 가난에 대한 정의(定義)보다는 소년에 대한 격려를 시에 담았다.

> 가난하여 발 벗고 들에 나무를 줍기로소니
> 소년(少年)이여 너는
> 좋은 햇빛과 비로 사는 초목(草木) 모양
> 끝내 옳고 바르게 자라지라
> ― 유치환 '가난하여', 시집 <울릉도>, 1948년

그러나 가난은 남루도 아니고, 격려도 아니다. 가난은 공포이다. 가난한 사람이 비굴한 이유는 공포에 절어있기 때문이다. 새색시는 공포에 압도당했으며 그것을 이겨낼 자신이 없었으리라.

아버지가 태어난 1930년은 그보다 더한 가난, 그에 따른 공포가 온 나라를 짓누르고 있었다. 가난신(神)의 손아귀에서 벗어날 수 있는 사람은 극소수에 불과했다. 아버지는 소년이었을 때 누군가를 통해 이를 닦는 칫솔과 치약이라는 도구가 있다는 사실을 알았으나 구경조차 해보지 못했다. 막소금 서너 알로 아침에 이를 헹구는 것이 전부였다. 일제가 태평양전쟁을 일으켜 조선인들의 살림살이를 악독하게 공출하기 시작하면서부

터는 막소금도 귀한 물건이 되었다. 개울에서 작고 흰 조약돌을 주워 깨부순 다음 그 가루를 손가락에 묻혀 이를 닦았다.

　태생적으로 영리하고 근면한 아버지는 가난에서 벗어나는 길은 공부밖에 없다는 사실을 파악했다. DNA에 새겨져 대대손손 내려오는 적빈(赤貧)을 벗어나고자 공부를 쉬지 않았다. 아침이면 지게를 지고 산에 올라 나무를 하고, 꽁보리밥을 물에 말아 김치 한 조각으로 때우고, 교과서를 보따리로 둘둘 말아 어깨에 묶은 다음 10리(대략 4km)를 달려 소학교에 다녔다. 집에 돌아오면 돼지에게 밥을 먹이고, 또 나무를 하고, 풀을 베고, 밤이면 등잔불 아래에서 공부했다. 언제나 1등이었고, 졸업할 때 최우등상을 받았다. 그러나 할아버지는 근심이었다. 둘째 아들을 가르칠 돈이 없기 때문이었다.

　광복이 되고 이리시에 사립중고등학교가 문을 열었다. 독지가 한 명이 전 재산을 털어 국민학교, 남자중학교, 여자중학교, 남자고등학교, 여자고등학교를 세웠다. 광복된 자유대한 남쪽 땅에서 새로운 별이 되라는 의미에서 이름을 남성(南星)이라 지었다. 초·중·고가 한 울타리 안에 있었는데 교정은 거의 20만여 평에 달했으며, 여중·여고는 별도로 교정이 있었다. 남성고는 첫 졸업생부터 서울대 합격생이 30여 명에 달해 삽시간에 명문 고등학교로 떠올랐다. 한때 50여 명을 넘어서는 기록을 세워 명문 고등학교의 위치를 확실하게 굳혔다. 아버지는 그 고등학교 4회 입학생이었다.

　하지만 3년 내내 고군분투의 세월이었고 2학년 때 할아버지가 작고하는 바람에 학업과 삶은 더욱 어려워졌다. 그때 아버지의 간절한 소원은 하나였다.

"영어사전 한 권만 있으면 좋겠다."

3학년이 되어 아버지의 절친한 친구 세 명은 서울대 상학과(商學科)에 지원했고(훗날 모두 대기업의 사장과 회장을 지냈다), 아버지는 국문학과에 지원했다. 국문학 교수가 되어 한국의 고전문학을 연구하는 것이 목표였다. 어렵사리 돈을 마련해 친구들과 함께 서울로 올라가 동숭동 캠퍼스에서 시험을 치렀다. 필기시험은 거의 만점에 가까웠다(고 훗날 아버지는 말했다). 면접에서 한 교수가 물었다.

"입학하면 무엇을 전공할 계획인가?"

"고전문학을 공부하겠습니다."

"... 프롤레타리아 문학을 좋아하나?"

"네. 좋아합니다."

아버지는 낙방했다. 한국전쟁이 휴전으로 접어든 지 1년도 지나지 않은 시점이었다. 지리산에는 아직도 남부군(빨치산)이 군경과 치열한 전투를 벌이고 있었고, 사회 곳곳에 공산주의자들이 암약하던 시대였다. 프롤레타리아 문학을 좋아하는 —면접 교수의 판단에 의하면— '예비 공산주의자'를 입학시킬 수는 없었다(나는 이 이야기가 진실인지, 거짓인지, 과장인지 알지 못한다. 그러나 아버지가 거짓을 이야기했다고는 생각하지 않는다). 아버지는 낙방했다. 단 한순간의 대답으로 아버지의 꿈은 물거품이 되었다.

* 빨치산의 탄생과 몰락을 그린 책은 <남부군>이 가장 유명하다.

● <南部軍> 전2권, 李泰, 두레, 1988년

* 인터넷 '나무위키'를 보면 [빨치산 문학]이 상세히 소개되어 있다. 통상

<南部軍>을 최초의 빨치산 문학으로 인정한다. 그 뒤를 이어

- <실록: 정순덕> 전3권, 정충제, 대제학, 1989년
- <젊은 혁명가의 초상>, 최태환, 공동체, 1989년

등 여러 책이 소개되어 있다. 그러나 가장 먼저 출간된 책은 나윤주의 실록이다.

- <누가 반역자냐>, 羅倫柱, 靑化(청화), 1983년

* 이 책을 이리 대한서림에서 구입해 아주 재미있게 읽었으나 누군가 빌려간 후 반환하지 않아 잃어버리고 말았다. 1985년 서음출판사에서 재간행되었으나 현재는 절판된 상태이다. 빨치산에 대한 기록에서 이 책을 빠뜨리면 안 된다.

소설로서는 이병주의 책이 가장 잘 쓰여졌다.

- <智異山 지리산> 전7권, 이병주, 기린원, 1985년

호남선 야간 완행열차

　나는 아버지의 장례를 치르기 위해 KTX에 올랐다. KTX는 용산역에서 정확히 아침 8시 40분에 출발했다. KTX를 타면 많은 것들이 생겨났다는 느낌이 절로 든다. 신박한 외모, 빠른 속력, 안락한 의자, 쾌적한 실내, 품위 있는 인테리어, 친절한 안내, 점잖은 승객들..... 이 모든 것들을 얻고 하나를 잃었다.
　'낭만'이다.
　그래서 KTX를 타면 시 구절 하나가 떠오른다.
　"호남선 야간 완행열차를 타보지 않은 사람과는 인생을 논하지 말라."
　누구의 시인지는 기억나지 않는다. 그냥 떠도는 말일 수도 있고, 현대에 생겨난 억지 속담일 수도 있다. 서민들의 궁박한 현실을 잘 드러낸 문장인 것만은 확실하다.
　기차의 가장 아래 등급인 비둘기호를 타고 목포에서 밤 9시 무렵 출발해 임성리-일로-몽탄-무안-함평-고막원-다시-영산포-나주-노안-송정-북송정-하남-광산-임곡-옥정-장성-안평-신흥리-백양사-노령-천원-정읍-초강-신태인-감곡-김제-와룡-부용-이리-황등-다산-함열-용동-강경-채운-논산-부황-연산-개태사-신도-계룡-원정-흑석리-가수원-서대전-회덕-신탄진-매포-부강-내판-조치원-서창-전동-전의-소정리-천안-두정-성환-평택-서정리-송탄-진위-오산-병점-세류-수원-화서-군포-금정-명학-안양-석수-구로-영등포-노량진을 지나 용산역에 도착하면 아침 6시 무렵이다.

    출발 이후 내리는 사람은 없고 오로지 올라타는 사람만 있다. 수원에 이르러서야 조금씩 내리기 시작한다. 열차 속이 어떠한지는 필설로 다 묘사할 수 없다. 만약 당신이 한겨울밤에 호남선 야간 완행열차를 탄다면 지옥으로 가는 열차를 탔다고 생각하면 된다. 영화 <설국열차>의 꼬리칸은 호화로운 기차여행이라고 감히 말할 수 있다.

    나는 창 옆에 앉았다. 영등포역을 지나자 핸드폰을 열어 화투운세점을 보았다. '비(12), 홍싸리(7), 국화(9)'가 나왔다. 비는 손님을, 홍싸리는 횡재를, 국화는 국수를 의미한다. 장례식장에 가면 많건 적건 손님들을 대할 것이고, 그들에게 음식(국수)을 대접할 것이니 2/3를 맞힌 셈이다. 그렇다면 횡재는 무엇일까? 상갓집에서 로또를 사면 당첨될 확률이 높다는데... 로또를 사볼까? 코로나19로 인해 로또 판매량이 늘었다고 하던데 최소 20억에만 당첨된다 하여도 남은 인생을 바꿀 수 있는데.... 로또를 사볼까?

    기차는 한적했다. Solitaire Classic 게임을 열었다. Solitaire, FreeCell, Spider 세 게임을 차례대로 했다. 모두 한 번에 떨어지면 그날 운이 좋다.

역시나 FreeCell 하나만 성공하고 두 개는 실패였다. 이어 지뢰찾기를 열었다. 99개의 지뢰 중 56번째에서 지뢰가 터지고 말았다. 오늘 하루 운세는 뒤죽박죽일 확률이 높았다.

이어 틀린그림찾기를 열었다. 위아래 사진이 똑같지만 자세히 보면 다른 곳이 5곳 있었다. 이 게임은 비교적 쉬웠다. 내가 틀린그림찾기를 처음으로 알게 된 것은 1978년 겨울, 고등학교 2학년 때였다.

대학입학 예비고사가 끝난 지 열흘 쯤 지난 후였기에 차가운 겨울 날씨로 접어들었다. 나는 청바지와 아버지의 회색 점퍼 차림이었고, 아디다스 테니스 가방 속에는 엄마의 옷장을 뒤져 찾아낸 8,000원과 법정의 <서 있는 사람들>(샘터사, 1978년, 세로쓰기), 삼중당문고 <분노의 포도>, 헤르만 헤세의 <데미안>이 들어있었다.

시외버스 터미널에 도착해 시간표를 살폈다. 진안으로 가는 버스는 10시 45분에 출발하는 직행이 있었다. 여름방학 때 순용이와 함께 2박 3일 캠핑을 간 곳이었다. 가출하는 아이들이 대부분 대도시로 갔으나 나는 여름의 추억을 잊지 못해 진안을 택했다. 지금쯤 엄마와 아버지는 내가 학교에 오지 않았다는 사실을 통보 받았을 것이다. 그러나 그것은 내 알 바 아니었다.

진안 터미널에서 내려 길 건너 북경반점으로 들어갔다. 주인남자는 옹색한 카운터 뒤에서 무협지를 정신없이 읽고 있었다. 나는 짜장면을 뚝딱 해치운 뒤 돈을 치르며 남자에게 물었다.

"이 근처에 조용한 여관 있나요?"

"조용한 여관? 여관이야 많제. 학생이야?"

"…네."

"밖으로 나가서 왼쪽으로 꺾어져. 고 안으로 쏙 들어가면 우래여관이라고 있제. 그곳으로 가보게나."

문을 밀고 나가려 할 때 그가 나직이 속삭였다.

"북경반점 아저씨가 보냈다고 말하게나. 꼭!"

우래여관은 낡은 한옥이었다. 마당 한가운데에 둥그런 정원이 있었다. 미닫이 불투명 유리문이 열리고 한 여자가 나타났다. 올리비아 핫세를 빼닮은 20대 후반의 여자였다.

"오서오세요. 묵어가시게요?"

"3,4일 정도 있으려는데… 방 있나요?"

"많아. 하루에 800원."

"밥도 해줄 수 있나요?"

"해주지. 세 끼 다?"

"뭐, 그때그때 봐서."

"밥은 한 끼에 300원. 일로 와."

핫세가 몸을 돌렸을 때 분홍색 원피스 아래의 엉덩이가 실룩였다. 내가 엉겁결에 마른침을 꿀꺽 삼키자 핫세가 눈치 챘다는 듯 갑자기 고개를 홱, 돌렸다.

"학생이지?"

"… 네."

나에게 배정된 방은 별채의 구석방이었다. 방안에는 이불과 작은 탁자 외에는 아무것도 없었다. 핫세가 안채를 향해 두어 걸음 걸었을 때 나는 그녀 등 뒤에 소리쳤다.

"아참, 저기 북경반점 아저씨가 소개해주었다고, 말하라고 했어요."

"미친 새끼."

아랫목에 우두커니 앉아 있다가 <서 있는 사람들>을 펼쳤다. 어느 페이지든 상관없었다. 문 두드리는 소리에 고개를 들었다. 저녁 6시 30분이었다.

"학생 밥 먹어."

문이 열리고 핫세가 밥상을 들고 들어왔다. 순간 나는 눈이 휘둥그레졌다. 언뜻 보아도 반찬이 10가지가 넘는 진수성찬이었다.

"오늘은 찬이 별로 없네. 그냥 먹어. 고기반찬은 내일 해줄게."

고봉으로 쌓인 밥 한 그릇을 해치우고, 밥상을 들어 부엌으로 가져다준 다음, 점퍼를 걸쳐 입고 밖으로 나갔다. 좁은 1차선 도로 저 멀리 녹색 간판에 아크릴로 풍년제과점 글자가 박혀 있었다. 유리문을 옆으로 밀자 테이블 4개가 전부인 홀이 한눈에 들어왔다. 작은 석유난로를 켜놓고 한 여자가 작은 흑백TV를 보고 있었다. 여자는 언뜻 소피 마르소를 닮았다. 마르소는 내가 의자에 앉을 때까지 아무런 말이 없었다.

"우유 한 잔 하고, 고로케 하나 주세요."

몸에 착 달라붙은 청바지를 입은 마르소는 '이 저녁에 손님이라니!' 아주 귀찮다는 얼굴로 차가운 우유와 차가운 크로켓을 가져다주고는 의자에 앉아 다시 TV를 주시했다. 막 크로켓 한 입을 물었을 때 문이 벌컥 열리고 한 남자가 들어왔다. 검은 가죽점퍼를 입은 건장한 장발 청년이었다. 그는 나를 힐끗 보고는 마르소에게 눈을 돌렸다.

"테레비 보냐?"

"응?"

"뭐 하는데?"

"그냥 연속극."

청년은 여자 옆에 앉아 TV를 보았다. 나는 우유를 마셨다. 청년이 갑자기 일어나 내 앞으로 다가왔다. 그리고 탁, 앉았다.

"너 어디서 왔니?"

"... 이리요."

"뭣허러?"

"... 그냥."

"그냥? 너 몇 살이냐? 너 고삐리지. 2학년이냐?"

"... 3학년요."

나는 거짓말을 했다.

"3학년이면, 이번에 예비고사 봤어?"

마르소는 허벅지 사이에 손을 집어넣은 채 TV에서 눈을 떼지 않았다.

"너, 집 나왔구나. 시험 망쳤냐? 이름이 뭐야?"

"김호경요."

"언제 왔어?"

"아까 오후에요."

"지금 어디 있냐?"

"우래여관이요."

청년의 입가에 희미한 욕정의 웃음이 나타났다가 사라지는 것을 놓치지 않았다. 청년은 부릅뜬 눈을 풀고는 갑자기 손을 내밀었다. 얼결에 그

손을 잡았다.

"난 진안의 하이에나지. 하핫."

아침 10시 <서 있는 사람들>을 아무 곳이나 펼쳐 읽고 있을 때 하이에나가 찾아왔다. 나는 그에게 아랫목을 양보했다.

"너 말이다. 그래도 집을 나오면 안 돼. 네 부모가 얼마나 근심하겠냐. 오늘 나랑 하루 놀고 저녁에 집으로 돌아가라잉."

"...네."

"나가자."

두 사내가 마루에서 신을 신을 때 핫세가 부엌에서 고개를 내밀었다.

"인수 너 언제 왔니?"

하이에나의 얼굴이 빨개졌다.

"어— 방금요."

"우리 손님 데리고 어딜 가려고?"

"아, 우리 진안을 구경시켜주려는 거지. 우린 이미 형과 동생 하기로 했다고."

"쓸데없는 짓 하려고?"

"아 참, 누나는 내가 은제 쓸데없는 짓을 했다 그래."

그는 내 어깨에 다정하게 손을 올리고는 골목으로 이끌었다. 우리는 한가한 길을 걸어 2층의 장미다방으로 들어갔다. 커피를 한 잔 마시고, 빨간 미니스커트를 입은 레지와 시시한 농담을 나누고, 밖으로 나와 금강 지류를 따라 흐르는 진안천을 건너 읍사무소 건너편의 한일당구장에서 하이에나가 동네 조무래기들과 당구 한 판 치는 모습을 구경하고, 길 건너 작은 진안시장을 지나쳐 어제 내가 내린 버스터미널을 오른쪽으로 꺾어, 진안 파출소 앞의 게시판에 붙은 긴급조치 9호 담화문과 그 옆에 붙은 현상수배자 얼굴들을 살피고, 다시 돌아오니 장미다방 앞이었다.

"내 친구 만나러 가자."

읍내를 벗어나 금방이라도 쓰러질 듯한 허름한 집 앞에 멈추었다. 집의 뒤편에 작은 별채가 있었다. 문을 열자 또 작은 창고가 있었고 그 구석에 또 문이 있었다.

"있니?"

안에서 대답 대신 부스럭 소리가 들리고 한 남자가 부스스한 머리를 내밀었다. 방은 좁았고 앉은뱅이책상 하나가 있었고 그 위에 책이 산더미처럼 쌓여 있었고 퀴퀴한 냄새가 났고 이불은 때에 절었고 어두웠고 아늑했다.

"이리에서 온 내 동생이야. 인마, 인사드려라. 이 하이에나의 친구분이시다."

나는 고개를 숙여 인사했다. 그처럼 날카롭게 빛나는 눈을 한번도 본 적이 없었다. 눈에서 금방이라도 칼이 튀어나와 온 세상을 요절낼 것 같았다.

"학생이니?"

"고 3이란다."

"고 3이면... 본고사가 얼마 안 남았을텐데."

"공부하기 싫어서 도망쳤대... 이 분으로 말할 것 같으면, 명석한 두뇌를 자랑하는... 서울대 법대에 다니시지. 지금은 잠시."

서울법대는 하이에나의 말을 끊고 나에게 불쑥 물었다.

"넌 꿈이 뭐냐?"

"그그냥."

"그냥이라니? 질풍노도의 청소년이 꿈이 없다는 게 말이 돼?"

그는 갑자기 무서운 표정을 짓더니 손을 들어 책상 위의 책들을 가리켰다.

<Das Kapital, Kritik der politischen Oeconomie>. 뜻을 알 수 없었다. <Demokratie>, 어쩌면 데모크라시가 아닐지 추측했다. <Manifest der Kommunistischen Partei>. 역시 알 수 없었다. <民衆民族論>(민중민족론), <Constitution Theory>(헌법 이론), <市民의 抵抗>(시민의 저항), <階級鬪爭論>(계급투쟁론), <씨올의 소리>. <第3世界의 革命>(제3세계의 혁명), <마르크스레닌主義 주의>, <朴憲永의 生涯와 思想>(박헌영의 생애와 사상)... ...

"책속에 진리가 있고, 인생이 있고, 성공의 비법이 있다. 그런데..."

하이에나는 휘파람만 휘휘 불다가 갑자기 무릎을 쳤다.

"아 참! 오늘 우리 집 김장허는디."

우리는 벌떡 일어나 밖으로 나왔다. 서울법대는 주위를 끊임없이 살피며 걸었다. 나는 하이에나가 파출소를 빙 돌아서 간다는 사실을 깨달았다. 골목 안쪽의 녹색 지붕이 그의 집이었다. 넓은 마당에 소금에 절인 배추가 한가득 쌓여 있고 커다란 김장독들과 깨끗이 씻은 무들, 고추와 사과, 배, 온갖 양념들이 여기저기 어지러이 놓여 있었다. 아주머니 예닐곱 명이 싸우듯 이야기를 주고받으며 배추를 버무리느라 정신없었다. 마루 옆 기둥에 매달아 놓은 빨간색 트랜지스터 라디오에서 노래가 흘러나오다가 뚝 멈추었다.

"잠시 후 12시를 알려드리겠습니다."

1초 쯤 정적이 흐른 후 뚜. 뚜. 뚜 신호가 퍼지고 뉴스가 시작되었다.

"12시 케비에쓰 뉴스를 말씀드리겠습니다. 경찰은 오늘 시국 관련 지명 수배자 13명을 발표했습니다. 긴급조치 9호 위반자들이며...."

하이에나가 벌떡 일어나 라디오 다이얼을 돌렸다. 우리는 건넌방에서 상을 받았다. 갓 지은 흰 쌀밥에 갓 담은 겉절이에 갓 담은 갓김치에 푹 고아낸 돼지고기 편육이 상에 가득했다. 이처럼 맛있는 김치는 세상 태어나 처음이었다. 상을 물리고 두 사내는 담배를 피워 물었다. 나는 구석에 놓인 얇은 잡지 한 권을 끌어당겼다. <선데이서울>이었다. 아무 곳이나 폈다. 심심풀이 게임 페이지였다.

십자말 풀이, 바둑 사활, 숨은 그림 찾기... 모두 내가 접해본 것들이었다. 처음 보는 게임이 있었다. 위아래에 똑같은 그림이 그려진 '틀린 그림 찾기'였다. 우리는 머리를 맞대고 틀린 부분을 찾기 시작했다. 5곳 중에서 하이에나가 3곳, 내가 하나, 서울법대가 하나를 찾았다. 밖으로 나와 진안국민학교 운동장에서 아이들과 축구를 하고, 장미다방에서 신나게 수다를 떨으니 저녁 7시였다.

"슬슬 가볼까. 아주 신나게 놀 곳이 있제."

서울법대와 나는 초겨울의 차가운 밤바람을 맞으며 하이에나의 뒤를 따랐다. 그곳은 오늘 아침에 혼례를 치른 신부의 집이었다. 바야흐로 모든 것이 흥청망청이었다. 수많은 사람들이 마루와 토방, 안방과 건넌방, 축사와 마당, 채마밭을 가득 메우고 음식과 술을 먹느라 벌써 난장판이었다. 누군가 하이에나의 등을 때렸다.

"오빠. 왔어?"

풍년제과의 소피 마르소였다.

"저기 앉아."

빈 멍석 위에 비집고 들어가 자리를 잡자 우래여관 핫세가 상을 들고 왔다. 하이에나의 얼굴이 빨개졌다. 사람들은 우리가 어디에서 왔는지, 누구인지 묻지 않았다.

"많이들 자쇼."

"막걸리도 한 잔 해야제."

누군가 내 옆구리를 찔렀다.

"어이, 학생, 자넨 여그 어쩐 일인감?"

돌아보니 북경반점 무협지 아저씨였다.

"아따, 성님, 야는 내 동상이여."

하이에나가 고기를 질겅질겅 씹으며 대답했다. 나는 일순 세상 모든 일이 즐거워졌다. 낯선 곳 진안에 도착한 지 겨우 이틀 만에 엄청나게 많은 사람들을 만났으니 어찌 즐겁지 않으랴! 그때 마당 한가운데에서 누군가 큰소리로 외쳤다.

"자, 이제 신랑을 매달자구!"

모든 이야기들과 설전, 논쟁과 다툼이 일시에 멈추었다. 사람들은 동시에 마당 한가운데로 모여들었다. 북경반점도, 하이에나도, 핫세도, 마르소도, 신부의 아버지도, 신부의 고모도, 사촌도, 이장도, 이장의 아들도, 면장도, 면장의 아내도, 신랑의 이모부도, 그 이모부가 기르는 똥개도 모두 신랑에게 몰려갔다. 어떤 사람은 벌써 손에 나무 막대기를 들었고, 어떤 사람은 지게 받침대를 들었고, 어떤 사람은 싸리비를 풀어헤쳐 가느다란 회초리를 들었다.

"신랑에게 매운 맛을 보여줘야 해."
"신랑이 날도둑놈이야."
"꽁꽁 묶어. 하늘에 매달아!"

얼굴이 길고 거무튀튀한 신랑은 제대로 저항 한번 해보지 못하고 발을 꽁꽁 묶여 허공으로 들어 올려졌다. 신부가 울상을 지으며 사람들을 만류하느라 정신이 없었다. 멍석에 남은 사람은 서울법대와 나뿐이었다. 그때 일순간 정적이 찾아들었다. 나는 고개를 들었다. 마당 한가운데 모인 사람들이 약속이나 한듯 동시에 입을 다물었다. 2,3초 후 그 정적이 깨지면서 사람들이 다급하게 소리쳤다.

"죽었네!"
"이봐, 박 서방, 정신 차려."
"오매! 신랑이 죽어삐렀네."

나는 엉거주춤 일어섰다. 그러나 서울법대가 더 빨랐다. 번개보다 빠르게 일어선 그는 운동화를 두 손에 들고 뒤도 돌아보지 않고 냅다 대문을 향해 뛰었다. 어둠에 잠긴 골목을 향해 필사적으로 달아나는 그의 등에 12월의 차가운 달빛이 환하게 쏟아졌다. 나는 우래여관으로 돌아가 <데미안>을 펼쳤다.

다음날 아침 일찍 여관비와 밥값 3000원(실제로는 800 + 800 + 300 + 300 = 2200원)을 이불 위에 올려놓고, 아디다스 가방에 3권의 책을 넣어 집으로 돌아왔다.

원래 나의 집이 아니었다

3일의 가출을 끝내고 집으로 들어섰을 때 오후 4시 15분이었다. 엄마는 슬픈 웃음을 짓고는 학교로 전화를 걸었다. 아버지에게 아들의 귀가를 알려주기 위해서였다. 아버지는 내가 다니던 남성고등학교 국어 선생님이었다.

"호경이가 돌아왔어요. 진안에 가 있었다고 하네요."

아버지는 아들의 가출을 나의 담임선생님에게도 말하지 않았다. 몸이 심하게 아파 집에 누워있다고 거짓말을 했다. 어쩌면 아버지의 생애 첫 그리고 마지막 거짓말일 것이었다. 퇴근 후 집에 오신 아버지는 식구들이 둘러 앉아 저녁을 다 먹을 때까지 아무런 말이 없었다. 상을 물릴 즈음 한마디 넌지시 하셨다.

"불만이 있으면 가슴속에 묵혀두지 말고, 아무 때나 말을 하거라."

큰누나가 거들었다.

"내일 학교에 가면 이틀 동안 수업 못 받은 거 아이들 노트 빌려서 베껴 써."
나는 그럴 생각이 전혀 없었다. 노트 필기 같은 것은 하지 않는 학생이었다.

익산역 아침 9시 57분, 기차는 정확히 도착했다. 그 정확성이 느림의 미학을 앗아갔다. 역 광장은 추웠고, 을씨년스러웠다. 익산역(옛날 이리역) 광장에 서면 소설 한 편이 떠오른다. <완장>, <아홉 켤레의 구두로 남은 사내>로 유명한 윤흥길의 단편 <땔감>이다. 소설에는 3개의 에피소드가 담겨 있다. 그중 무개차에 실린 조개탄을 훔치기 위해 역 구내로 숨어든 소년의 활약이 가슴 아프면서도 흥미롭다. 큰누나는 나에게 그 무대가 이리역이라고 일러주었다. 윤흥길은 전북 정읍이 고향이고, 원광대를 졸업했다. 어쩌면 타당한 추론이라 생각한다. 요즘 청년들이 윤흥길의 소설을 과연 읽을 것인지 궁금증이 들었다.
이리역은 1977년 11월 11일 밤 9시 15분의 폭발사고가 유명하다. 그 현장을 다룬 몇 편의 소설들이 있다. 나 역시 그 사고를 매개체로 <삼남극장>(2017년)이라는 장편소설을 발간했으나 크게 주목받지 못했다. 다만 전북에 기반을 둔 지방신문에서만 소개를 했다.
또 시 한 편도 떠오른다.

막차는 좀처럼 오지 않았다
대합실 밖에는 밤새 송이눈이 쌓이고
흰보라 수수꽃 눈 시린 유리창마다

톱밥난로가 지펴지고 있었다.
― 사평역에서, 곽재구, 1981년 <중앙일보> 신춘문예 당선 시

무려 40년 전에 창작된 시이지만 시골 기차역에 대한 묘사 중 이보다 뛰어난 시는 없으리라. 그러나 익산역이 사평역(실제로는 존재하지 않는다)처럼 작은 역이라는 뜻은 아니다. 엄청나게 크다.

자판기에서 커피 한 잔을 뽑아 광장 오른쪽으로 갔다. 흡연구역은 왼쪽으로 옮겨졌다는 안내판이 붙어 있었다. 다시 왼쪽으로 갔다. 검은색 벽이 있고 세 줄기 담배연기가 하늘로 퍼지고 있었다. 커피 한 모금을 마시고 담배에 불을 붙여 한 모금 들이마셨을 때 사내 한 명이 들어왔다. 흰 까치머리를 한 60대 중반의, 옷은 낡았고, 냄새가 났으며, 양말도 신지 않은 삼선 슬리퍼 차림이었다. 발뒤꿈치에 때가 시커멓게 올라앉았다. 검고 야윈 손가락으로 재떨이를 뒤져 장초 하나를 꺼낸 뒤 불을 붙였다. 인생에서 얻은 것도 없고, 잃은 것도 없는 사내였다. 나는 반쯤 남아있는 담뱃갑을 건넸다. 사내는 아무 말 없이 받아 호주머니에 넣었다.

택시를 탔다. 수십 대의 택시들이 줄지어 서 있었다.

"익산 장례식장요."

기사는 무심히 출발했다.

"빈 택시들이 많네요. 장사는 잘 되나요?"

"… 웬걸랑요. 코로나 땜시 다 죽어뿔게 생겼지라요."

도시는 썰렁했다. 3년 전에 비해, 10년 전에 비해, 20년 전에 비해 변화된 모습이 거의 없었다. 다만 몇 개의 3~5층 건물이 드문드문 들어섰을 뿐이었다.

"익산 인구가 얼마나 되나요?"

"... 10년 전만 혀도 30만이 넘었었는디 시방은 28만 언저리라요."

나는 이제 27만 9,999명으로 줄어들었다고 알려주고 싶었다. 6분 후 장례식장에 도착했다. 태양은 환하게 빛났지만 바람은 여전히 차가웠다. 건물 입구 전광판에 죽은 사람의 명세가 게시되어 있었다. 고인 김연태, 상주 김호경 그리고 김연태가 남긴 딸들과 사위들, 며느리, 손녀, 외손자, 외손녀의 이름이 차례로 나열되어 있었다. 나는 장례식장에 갈 때마다, 그리고 필연적으로 1층 현관에 나붙은 '죽은 자의 명세판'을 볼 때마다 그 안내판이 꼭 필요한지 의문이 들었다. 누구라도 그 명세를 본다면 고인의 삶을 섣불리 판단할 수 있었다. 과연 그런 섣부름이 무슨 의미가 있을까?

4층짜리 장례식장은 텅 비었고 아버지의 장례 1건만 치러지고 있었다.

"이래서 장사가 되나?"

측은함이 들었다. 전광판 사진을 찍어 아내에게 보냈다.

4층 특1실 복도에 벌써 10개가 넘는 화환이 진열되어 있었다. 죽은 자에게 —정확히는— 죽은 자의 가족에게 화환을 보내는 이유는 무엇일까? 신발을 벗고 들어가려 할 때 마스크를 쓰고 말쑥한 외투를 입은 초로의 한 남자가 서류봉투를 옆구리에 끼고 부지런히 밖으로 나왔다. 그는 나를 힐끗 보고 0.1초 동안 당황해하다가 구두를 신고 부지런히 엘리베이터로 걸어갔다. 홍정훈이었다. 큰누나의 남편이었다.

나는 안으로 들어갔다. 검은 저고리와 검은 치마를 입은 네 명의 여자와 검은 양복을 입은 한 명의 청년이 있었다. 그들은 나를 보고 일제히 일어섰다. 짠나가 대표로 말했다.

"호경이 왔구나."

작은누나는 얼추 20년 만에, 여동생 연경은 15년 만에 보는 얼굴이지만 마스크를 쓰고 있어도 금세 알아볼 수 있었다. 다른 두 명의 여자와 한 명의 청년은 누구인지 짐작할 수 있었으나 확인을 위해 물었다.
"너는 누구니?"
"효민이에요."
큰누나의 딸이었다.
"너는?"
"정희요."
"그렇구나. 그럼 너는 승필이겠구나."
"네."
두 아이는 작은누나의 딸과 아들이었다. 효민이는 36살 안팎으로 짐작되었고, 정희는 32살, 승필이는 30살 전후였다. 셋 모두 25년만이었다.
넓은 식당은 텅 비었고, 상조회사 직원인 듯한 중년 여인 두 명이 구석에 앉아 핸드폰을 들여다보고 있었다. 핸드폰이 없었다면 인간들은 무엇을 할까? 햇살 드는 창가 식탁에 앉아 커피 한 잔을 마셨다. 여산 Y고등학교에서 선생을 하는 작은누나는 저간의 사정을 심한 사투리를 써가며 상냥하게 들려주었다.
인생 말년에 누구나 겪는 질병이 아버지를 찾아왔고 결국 죽음으로 이끌었다는 이야기였다. 나는 고개를 연신 끄덕였다. 마지못해 질문 하나를 했다.
"엄마는?"
"요양원에 있는디, 치매가 심혀서 아무것도 몰르고, 면회는 불가라서 만날 수도 읎제."

"……"
엄마는 행복한 상태였다. 남편이 죽었다는 사실도 모르고, 자신이 누구인지도 모르고, 가장 중요하게는 죽음이 무엇인지도 모르기 때문이었다. 나는 망설이다가 중요한 질문 하나를 더 했다.
"남중동 집은?"
"내가 아빠 모시고 살다가 시방은 내 혼자 살제."
"그나마 다행이군."
서울에서 출발할 때 당초 내 계획은 장례식이 끝난 후 남중동 집에서 하루 머문 후 올라올 계획이었다. 그러나 작은 누나는 내 마음을 꿰뚫고 있었다.
"내일 올라갈 게지?"
나는 순간 당황했다. 부끄러움마저 들었다. '내일 올라갈 게지?'라는 질문은 '내일 올라가라'는 당부 혹은 엄명이었다. 창밖을 한번 보고 고개를 끄덕였다. 그곳은 나의 집이 아니었다. 예전부터 그랬고, 지금도 그랬고, 앞으로도 나의 집이 아니었다.

아버지가 남중동 집을 어떻게 소유하게 되었는지 그 이력과 비용을 정확히는 알 수 없다. 친구 3명(을 포함해 여러 명)은 서울대에 합격했고, 아버지는 무직이 되었다. 이제 군대를 가야 했다. 3월도 한참 지난 어느 날, 고교 동창 한 명이 여산 원수리 학동으로 아버지를 찾아왔다. 원불교 재단인 W대학(당시는 단과대학) 원불교학과에 입학한 친구였다. 그는 원불교 성직자의 아들이었다(훗날 W대학교 총장이 되었다).
그는 아버지에게 W대 입학원서를 내밀었다. 공부 잘하고 성실했던 아버지가 서울대에 낙방했다는 이야기를 듣고 그 먼 길을 물어물어 깊은 땡촌까지 찾아온 것이었다.

아버지는 그의 설득을 받아들여 W대 국문학과에 들어갔다. 일단 입영(入營)을 연기하자는 측면도 있었다. 훗날 아버지의 말에 의하면 수업도 별로 듣지 않았지만 늘 1등이었다고 했다. 졸업 후 결혼하고 전북대학교 대학원 국문학과에 입학했으나 1년을 마치고 중도 포기했다. 학비를 도저히 감당할 수 없어서였다. 빚을 얻어 등록금은 낼 수 있었으나 그 빚이 이자를 낳고, 이자가 또 이자를 낳아 눈덩이처럼 불어났다. 국민학교 졸업이 전부인 엄마는 그 일을 두고두고 후회했다.

"그때 내가 악착같이 돈을 벌었다면 니 아버지를 대학원 졸업시켰을 텐데…."

아버지는 대학 4학년 때부터 남성중학교 2부과정(야간 중학교) 선생님이 되었다. 워낙 실력이 뛰어나다는 것을 인정받았기에 졸업하기 전부터 교사가 된 것이었다. 그러나 대학원 등록금을 마련하지는 못했고, 곧 중학교 정식 교사가 되었으며 얼마 후 고등학교 교사가 되었다. 아버지는 대략 1958년부터 (2004년 전후까지) 제자들을 길러내기 시작했다.

고등학교 1학년 때 아버지가 자취를 한 곳이 학교 근처 남중동의 한 집이었다. 그곳은 사실상 허허벌판이었다. 선생님이 된 아버지는 그곳의 땅과 집을 임차해 가난한 신혼살림을 차렸다. 210평이었다. 땅주인은 그 일대에 대략 천여 평을 소유했는데 10여 년이 지난 어느 날 거주자들 모두에게 땅을 사라고 했다. 아버지는 즉시 땅을 샀다. 210평을 살 정도면 부자 아닌가? 라고 생각할 수 있다. 하지만 1970년대 초반 서울 강남이 개발될 때 "땅값이 똥값이었다"는 말을 떠올리면 1960년대 중반 전라도 작은 도시의 변두리 땅값이 얼마나 쌌을지 능히 짐작된다. 10여 년이 흐른 후 집 옆의 야산이 개발되면서 아버지의 집은 280여 평으로 늘어났다.

내가 6학년 여름방학 때 낡은 기와집을 헐어내고 양옥집으로 개조했다. 집에는 언제나 사람들이 북적였다. 내가 태어났을 때부터 고2 때까지 자취생과 하숙생이 끊이지 않았고, 1987년 결혼하기 전까지도 방문객들이 줄을 이었다. 시골의 친척들은 아들들을 아버지에게 보냈다. 이리의 중학교, 고등학교에 진학한 아들을 데리고 와

"잘 부탁합니다."

당부하고는 돌아갔다. 하숙생 형들은 군산, 정읍, 신태인, 남원 등에서 왔는데 그 하숙생들은 1990년대 중반까지도 간혹 아버지를 찾아와 인사를 하고는 했다. 식모(지금 용어로 가사도우미)도 끊이지 않았다. 아버지가 부자라서 식모를 둔 것이 아니라 시골의 가난한 먼 친척이

"밥만 멕여주고, 잠만 재워줘요."

부탁하면 거절하지 못했다. 시골 사람들은 아버지의 덕망과 인품을 굳게 믿었다. 식모들은 훗날 미용학원이나 양재학원에 다니면서 기술을 익혀 독립해 나갔다.

* 정찬일은 <삼순이>(책과함께, 2019년)라는 책에서 한국 근현대사의 보이지 않는(실제적인) 주인공으로 '식모, 버스안내양, 여공'을 꼽았다. 정확한 분석이다. 나는 여기에 '다방 레지'를 추가한다.

중학교 1학년 때 집 인구는 최고를 기록했다. 할머니, 아버지, 엄마,

작은누나(큰누나는 전주에서 여고를 다녔다), 나, 여동생 둘, 하숙생(고등학생) 넷, 식모 누나, 삼촌까지 모두 13명이 거주했다. 아침부터 저녁까지 전쟁터였다. 나는 청소년기에 하숙생 형들에게서 많은 것을 배웠다. 그 배움이 인생에 플러스가 되었으나 마이너스가 된 부분도 없지 않아 있다.

그때는 대학입시가 예비고사와 본고사(국영수)로 두 번에 걸쳐 치러졌다. 예비고사 후 본고사까지는 20~30일 정도의 시간이 주어졌다. 예비고사 점수가 낮아도 본고사를 잘 치르면 합격할 수 있었다. 그 30일 동안 거처가 애매모호한(가난한) 고3 학생은 아버지를 찾아왔다. 담임이 아닌데도 아버지에게 고충을 털어놓았다. 그러면 아버지는 흔쾌히 말했다.

"걱정 말고 우리 집에 와서 공부해."

가난의 공포와 학업의 중요성을 아버지는 그 누구보다 잘 알고 있었다. 30일 동안 그는 공짜로 먹고 자면서 공부했고 대학에 합격한 뒤 "감사합니다. 이 은혜는 결코 잊지 않겠습니다" 수십 번 인사하고 떠났다. 그들 중에 훗날 찾아와 아버지에게 "그때는 정말 고마웠습니다"라고 말한 사람은 한 명도 없었다. 하숙생 형들과는 전혀 딴판이었다.

아버지는 집을 부지런히 가꾸었다. 집 뒷마당에는 탱자나무를 심었고, 옆마당을 빙 둘러 미루나무와 벽오동, 깨중가리 나무(대부분 4~5m가 넘었다)를 심었다. 한겨울 밤이면 미루나무를 흔들며 지나갔던 으스스한 바람소리와 처량한 솟쩍— 솟쩍— 소쩍새 울음소리가 지금도 귓전을 맴돈다. 중학교 1학년 때 교과서에서 시 '소쩍새'를 처음 접했을 때 왜 소쩍새들이 솟쩍— 솟쩍— 우는지 알게 되었고, 시인이 정말 시를 잘 썼다고 생각했다.

소쩍새들이 운다.
소쩍소쩍 솥이 작다고
뒷산에서도
앞산에서도
소쩍새들이 울고 있다.
— 장만영, '소쩍새', 1956년 시집 <밤의 서정>

앞마당 정원에서는 장미, 채송화, 달리아, 수국, 맨드라미, 개나리, 글라디올러스, 수선화가 봄에서 가을까지 피어났다. 겨울에는 빨간 동백꽃이 무리지어 피었다. 엄청나게 큰 보리수나무가 정원 한가운데 있었는데 6월이 되면 새끼손톱만한 빨간 열매('파리똥'이라 불렀다)가 주렁주렁 열려 따먹기 바빴다. 먹을 것이 부족했던 그 시절에 동네 아이들은 매일 집에 놀러와 내 허락을 받고 파리똥을 따먹었다.

그리고 그 동네에서는 유일하게 파초를 10여 그루 심었다. 늦가을이 되면 아버지는 땅을 파고 파초를 통째로 묻었다. 나는 내 깜냥에 옆에서 열심히 아버지를 도왔다. 봄이 되면 땅을 파헤쳐 파초를 꺼내 다시 심었다. 그러면 파초는 무럭무럭 자라나 때로 3m가 넘었고 푸른 잎들은 엄청난 그늘을 만들었다. 지금도 라디오에서 운이 좋으면

낙엽이 나부끼던 어느 날인가
눈보라 밤새 일던 어느 날인가
—
태양의 언덕 위에 꿈을 심으면
파초의 푸른 꿈은 이뤄지겠지

가수 문정선의 노래 <파초의 꿈>(작사: 윤혁민, 작곡: 김강섭, 1971년, 오아시스 레코드)을 들을 수 있다(이 노래에 대해서는 명확성이 부족하다. 작사자가 신우철이라는 기록도 있고, 윤혁민이라는 기록도 있다). 그러면 필연적으로 아버지와 함께 파초를 심었던 그날이 떠오른다. 또

조국을 언제 떠났노
파초의 꿈은 가련하다.
남국을 향한 불타는 향수
너의 넋은 수녀보다도 더욱 외롭구나

김동명의 시 <파초>(1938년 발표)를 읽었을 때도 아버지와 함께 파초를 심었던 그날이 떠오른다.
어찌 그날뿐이랴!
그곳에서 뛰어놀았던 철부지 유년시절의 모오—든 나날들을 평생 잊지 못한다. 누구인들 그 아름다웠고 걱정 없었던 유년시절을 잊을까!

저승 가는 여비는 6만원

밤 9시 11분, 술에 취한 마지막 시골 남자가 떨리는 손으로 떡 세 조각을 주머니에 넣고 돌아간 뒤 장례식장은 적막강산이 되었다. 그래서 나는 코로나19에 감사한다. 작은누나와 여동생, 조카 정희는 부조함을 열어 봉투를 몽땅 들고 안으로 들어갔다. 나는 차가운 바람이 부는 밖으로 나가 담배 한 대를 피웠다. 현관 안내데스크에 마스크를 쓴 직원 한 명이 동상처럼 앉아 있었다. 핸드폰을 들여다보지 않는 게 신기했다.

"손님이 한 팀밖에 없어서 어쩌나요?"

사내는 울상을 지었다.

"그러게나 말이죠. 코로나 땜시 죽는 사람이 읎어서 장사가 죽을 쑵니다."

"코로나 때문에 죽는 사람이 더 늘어나는 것 아닙니까?"

"웬걸랑요. 노인네들이 돌아댕기지도 않고 또 마스크를 쓰고 댕겨서

오히려 더 건강해졌당게요. 장례식장이고, 화환집이고, 수의(壽衣) 장사고, 관 장사고, 음식 장사고 다 망하기 직전에요. 이눔의 코로나가 빨랑 끝나야제."

사내는 사람들이 죽지 않는 것에 심한 불만을 드러냈다.
"그래도 언젠가는 다들 죽겠지요."

밖으로 나가 담배 한 대를 더 피우고 4층으로 올라갔다. 구석에 놓인 커다란 안마의자에 앉아 스위치를 켰다. 여동생이 다가와 봉투 8개를 내밀었다. 내가 우려했던 일이 결국 발생한 것이었다. 나는 아버지의 부고를 단 한 명에게도 이야기하지 않았다. 심지어 딸에게도 할아버지의 죽음을 말하지 않았다. 아내 역시 마찬가지였다. 친정 식구 그 누구에게도 시아버지의 죽음을 알리지 않았다. 굳이 말하지 않을 이유도 없지만 굳이 말할 이유도 없었다. 아내의 둘째 오빠는 익산의 옆 동네인 김제에 살았다. 사돈의 죽음을 알았다면 20분 이내에 달려올 것이었다. 그러나 말하지 않았다. 아주 훗날 딸이 나에게

"할아버지는 어떻게 지내셔?"

묻는다면

"돌아가신 지 한참 되었다."

라고 일러줄 참이었다. 그런데... 여동생은 어쩔 수 없이 회사에 그 사실을 알렸고, 그 이야기가 빠르게 돌고 돌아 내가 머물고 있는 연남동 H출판사 사장과 직원들이 알게 된 것이었다. 한국 사회는 얼마나 좁은가! 그리하여 사장, 상무, 부장, 차장, 과장, 여직원 3명 도합 8명이 상무를 통해 조의금을 보낸 것이었다(상무는 여동생과도 잘 아는 사이였다). 나는 난망해졌다. 세상 사람 그 누구에게도 아버지의 죽음으로 인해 신세를 지고

싶지 않았다. 서울에 올라가면 돌려주리라 마음먹고 일단 봉투를 받았다. 하나하나 이름을 살피다가 문득 의아함이 들었다. 여직원은 모두 4명이었다. 그런데 한 사람의 이름이 없었다. 그 여직원이 조의금을 내지 않은 것이 서운한 게 아니라 다른 직원들이 경리에게 봉투를 얻어 각자의 이름을 쓸 때 '나는 내지 않겠다'고 하기는 사실상 어려운 일이었다.

나는 작은누나에게 장부를 달라고 했다. 조문객은 100명을 약간 넘었다. 모든 것이 '정상적'이었다면 족히 1천 명은 넘었을 것이련만! 그 덕분에 이름을 금방 확인할 수 있었다. 역시 그 여직원의 이름은 없었다. 어차피 돌려줄 것이므로 번거로운 과정을 하나라도 줄여준 것이 오히려 고마웠다. 그리고 나를 찾아왔던 딱 한 명의 이름을 찾아냈다. 그는 전남 무안에 거주하는 서 박사였다. 나의 소개로 A 출판사에서 2개월 전에 책을 냈는데 그날 아침 우연히 A 출판사 사장 P와 통화했다가 아버지의 죽음을 알고 아내와 함께 찾아온 것이었다. 장례식장에 들른 유일한 나의 조문객이었다.

"그 서 박사라는 사람이 누군지 몰라서 형부 친군 줄 알았는디 아까 널 찾아온 사람이구나."

작은누나는 그의 봉투를 나에게 주었다. 무안까지 가서 돈을 돌려줄 일이 난망했다. 장부에는 P 사장의 이름과 금액도 적혀 있었다. 그 봉투는 여동생이 가져갔다. P는 나의 대학 선배이자 회사 선배였으며 20년 넘게 만나는 몇 안 되는 지인 중 한 명이었다. 4일 전에도 만나 저녁을 먹었고, 서울에 올라가면 당장 만날 일이 있는 중요한 사람이었다. 그럼에도 여동생은 자신이 더 친밀하다고 생각했는지 봉투를 가져갔다. 쓴웃음이 절로 나왔다. 나는 상무의 봉투도 여동생에게 돌려주었다.

넓고 넓은 식당에서 혼자 잠을 잤다.
밤은 짧았고 아침 태양은 찬란했으며 바람은 차가웠다. 혼자 컵라면 하나를 먹고 샤워를 했다. 식탁 위에 책 한 권이 놓여 있었다.

로맹 가리 <자기 앞의 생>

처음 이 책이 간행되었을 때 저자 이름은 에밀 아자르(Emile Ajar)였다.

● <자기 앞의 生>, 에밀 아자르 지음, 전채린(田彩麟) 옮김, 文學思想 出版部(문학사상 출판부), 1976년

* 전채린은 저 유명한 수필집 <그리고 아무 말도 하지 않았다>, <이 모든 괴로움을 또다시>를 쓴 전혜린(田惠麟)의 동생이다. 전혜린은 1965년 1월 11일, 31세로 자살하였다.

7080 세대는 에밀 아자르라는 이름에 익숙하다. 그런데 무슨 이유인지 알 수 없으나 어느 날부터인가 본명인 로맹 가리(Romain Gary)로 책이 나오기 시작했다. 나는 에밀 아자르라는 이름이 훨씬 멋지다고 생각한다. 누나와 여동생, 조카 셋이 둘러 앉아 아침을 먹을 때 나는 물었다.
"이 책 누구 거니?"
"아, 외삼촌 그거 내 거예요."
큰누나의 외동딸 효민이었다. 나는 책을 건네주며 말했다.
"이딴 책 읽지 마라. 책 많이 읽으면... 물론 너희들은 그럴 일 없겠지만, 책 많이 읽으면 나중에 나처럼, 가난하게 산다."

효민이는 의사였다. 그가 가난하게 살 일은 없을 것이었다. 조카들이 어리둥절해서 나를 바라보았다.

"책 많이 읽어서 인생 망친 사람의 표본이 바로 나다. 그러니 절대... 책을 읽지 마라."

"... 네."

9시, 우리는 아버지의 관을 운구차로 옮겼다. 버스에 탄 사람은 상조 회사 김 과장 1명, 나(상주), 작은누나, 여동생, 외손녀 2, 외손자 1명, 모두 7명이었다. 가족은 6명에 불과했다. 김 과장은 일을 마치고 회사로 돌아가면

"내가 10년 가까이 이 일을 했는데 오늘처럼 유족이 없는 경우는 처음이야."

라고 말할 것이었다. 모든 것이 '정상적'이었다면 버스에 족히 40명 가까이 탔을 것이고, 승용차가 20대 넘게 뒤따를 것이었다. 그러나 이것이 아버지의 마지막 모습이자 진짜 모습이었다. 나는 아내에게 "이제 납골당으로 간다"고 메시지를 보냈다. 20분 후 버스는 시내를 벗어나 시골도 아니요 시내도 아닌 어정쩡한 곳에 도착했다. 1차선 도로와 밭, 들판에 소나무, 버드나무, 아카시아나무, 참나무, 미루나무들이 어지럽게 서 있었다. 시내에서 20분밖에 걸리지 않는 곳에 납골당이 있다는 것을 이해하기 어려웠다.

"여기가 어디에요?"

김 과장은 의아한 듯 나에게 되물었다.

"화장장입죠. 처음 와보셨세요?"

맥락 없는 질문이었다. 내가 이곳 화장장에 와 볼 일이 어떻게 있단 말인가!

"여그서 화장하고 납골당으로 갈 겁니다. (죽은)사람들이 드물어서 1시간이면 끝나요."

나는 아내에게 "화장장에 왔다"고 정정 메시지를 보냈다. 화장을 기다리는 사람들은 겨우 두 무리였다. 장례식장 직원 말처럼 코로나19 덕분에 죽는 사람이 없다는 말이 여실히 증명되고 있었다. 두 무리 모두 유족과 친구, 지인이 적어도 50명은 넘었다. 그들은 우리를 보고 측은한 표정을 지었다. 버스에서 아버지의 관을 내려 화장 대기실로 옮길 때 6명이 필요했다. 남자는 나와 김 과장, 승필이뿐이었다. 어쩔 수 없이 버스 기사가 합류해 넷이 관을 옮겼다.

"상주님은 절 따라오세요."

나는 김 과장을 따라 접수대로 갔다. 직원이 서류 하나를 내밀었다. 사망에 관련된 서류는 이미 제출돼 인쇄된 상태였고, 내 이름과 주소, 주민등록번호, 핸드폰 번호만 기록하면 되었다. 직원은 숫자 3이 새겨진 번호판을 주며 말했다.

"6만 원입니다."

오래전, 책 한 권의 제목이 떠올랐다.

<저승 가는 데도 여비가 든다면>

역시 오래전 작고한 시인 천상병(1930~1993)의 시집 제목이었다.

저승 가는 데도
여비가 든다면
나는 영영 가지도 못하나?

그때 나는 저승 가는 여비는 과연 얼마일까? 궁금증이 들었으나 정확한 금액은 알지 못했었다. 오늘, 이제야 드디어 그 여비를 알았다. 죽은 사람의 육체를 불가마에 넣고 활활 태워 가루로 만드는데 드는 비용은 6만 원이었다. 그때까지 육체에 갇혀 있었던 영혼은 가루가 되면서 저승으로 올라간다. 누구라도 그 후손에게 6만 원이 없다면 저승에 가지 못한다.

1시간 후 나는 아버지의 뼛가루가 담긴 뜨거운 항아리를 들고 버스에 올랐다. 버스는 시골길을 한참 달려 더 깊은 시골로 들어갔다. 나는 이정표의 글자를 읽었다.

천호성지

이곳은 가톨릭 순교자 성지였다. 내가 아버지를 만나지 않은 1999년 이후 가톨릭 신자가 되었을 수도 있었다. 작은누나에게 물었다.

"아버지가 성당에 다녔나?"

"아니! 큰나 유골함이 여기 안치되어 있는데 그 옆 칸에 아빠하고 엄마 자리도 미리 맡아놨어."

아버지는 종교를 갖거나 신을 믿을 정도로 나약한 사람도 아니었고, 무지한 사람도 아니었다. 다만 큰딸 덕분에 안식처 한 곳을 구한 것뿐이었다. 천호성지는 아름답고 엄숙하게 꾸며져 있었다. 아버지는 천호산 아래에서 태어나 천호성지에 묻혔으니 그 점에 있어서만큼은 성공한 셈이었다. 또 큰딸 옆에 묻혔으니 더욱 성공한 것이었다. 반짝이는 까르띠에 시계를 찬 신부는 나를 보고 놀랍다는 듯 중얼거렸다.
"아드님이 계셨네에에에에."
남의 집에 아들이 있건, 아들만 있건, 딸이 있건, 딸만 있건 그것이 그와 무슨 상관이란 말인가. 나는 유골함을 납골당 안에 넣었고, 우리 6명은 신부의 집전에 따라 간단하게 미사를 올렸다.
"다 끝났습니다. 아드님은 서류 받아가세요."
죽음에 대한 서류가 왜 이리 많단 말인가?
나는 신부를 따라 사무실로 갔다. 신부는 노란색 서류 한 장을 주었다. 맨 위에 적혀 있는 것은 아버지의 이름이었다.

김영태

나는 서류를 돌려주었다.
"김영태가 아니라 김연태입니다."
"저런! 오타가 났네. 미안합니다. 바로 고쳐 드릴게요."
신부는 컴퓨터 앞에 앉아 타자를 쳤다. 45초 후 서류가 출력되었다.

김연태
1931년 11월 7일생
전북 익산시 남중 1가동 88번지
보관기간 65년

무의미했다. 죽은 사람을 누가 65년씩이나 기억한단 말인가! 나는 그 자리에서 새로운 사실 두 가지를 알았다. 하나는 아버지가 1930년생이 아니라 1931년생이라는 것과, 생일이 11월 7일이라는 것이었다(핑계 하나를 대자면, 나는 태생적으로 숫자 개념이 없다. 그래서 내 생일 외에 다른 가족의 생일은 기억하지 못한다).

장례식은 모두 끝났다. 아버지가 남긴 후손 6명은 ―5인 이상 금지 원칙에 따라― 셋씩 나누어 점심을 먹고 뿔뿔이 흩어졌다. 작은누나에게

"나는 이제 갑니다."

라고 말했고, 여동생과 세 명의 조카에게는

"나는 간다."

라고 말한 뒤 익산역으로 갔다.

"다음에 보아요."

라는 말은 하지 않았다. 아버지(혹은 엄마)의 부고가 왔을 때 탄자니아, 세네갈, 브라질 세 나라 중 한 곳에 있고 싶었던 바람은 코로나19 때문에 이루어지지 못했다. 부조금을 한 푼도 받지 않으려 했던 계획도 깨어져 0점짜리 장례식이 되고 말았다. 그나마 코로나19 덕분에 간소하게 치렀다는 점에서 50점을 주었다.

세상 사람들은 간혹 나의 불효에 대해 이러쿵저러쿵 오지랖을 떤다. 그러나 아버지를 저승으로 보내드린 사람은 아들인 나였다. 내가 6만 원을 호기롭게 냈기 때문이다. 그러면 진정 효자 아닌가?

한 인간의 흔적은 쉽사리 지워지지 않는다

　나의 외동딸 민하는 2015년 12월 13일 일요일 오후 1시에 일산 천년 컨벤션웨딩홀에서 결혼했다. 나는 딱 세 사람에게 딸의 결혼을 알렸다. 한 사람은 앞에서도 말한 A 출판사 P 사장이고, 다른 한 명은 B 출판사 O 사장이고, 마지막 한 명은 T 출판사 J 사장이었다. P사장은 20년 넘게 친분을 유지해온 선배였기에 당연히 알렸고, O 사장은 10년 넘게 이런저런 일을 함께 하면서 마음을 터놓고 지내는 후배였기에 알렸고, J 사장은 딸의 책을 간행하던 출판사 사장이었다. 딸이 더 이상 책을 간행할 수 없어 그 이유를 말하면서 결혼한다고 알려주었던 것이다.
　그 외에는 아무에게도 말하지 않았다. 내가 머무는 연남동 H 출판사 사장과 직원들에게도 말하지 않았다. 그래서 그들이 아버지의 조의금을 냈을 때 무척 당황했다.
　벌써 6년이 지났으나 아직도 딸이 결혼한 사실을 모르는 사람들이 태

반이었다. 간혹 그들 중 궁금증 많은 사람이 "따님은 어떻게 지냅니까?" 물으면

"잘 지낸다."

고 답했다. 그 말은 거짓이 아니었다. 딸은 아들 둘을 낳고 잘 살기 때문이다. 결혼식장에는 신부의 할아버지, 할머니, 고모들, 고모부들, 작은할아버지, 작은 할머니 그 누구도 오지 않았다. '정상적'이었다면 그들을 포함해 나의 사촌형과 사촌누나를 비롯해 적어도 친척이 50여 명은 왔을 것이다.

나는 아버지가 하나밖에 없는 친손녀의 결혼 소식을 알고 있었는지, 모르고 있었는지 알지 못한다. P 사장을 통해 여동생 연경은 그 사실을 알았다. 그녀가 아버지에게 그 소식을 전해주었는지, 아니면 끝까지 함구했는지는 아직도 알지 못한다. 그렇다면 아버지는 돌아가시기 직전까지 친손녀의 결혼과 두 명의 증손자에 대해 알지 못했다는 뜻이다. 그 반대로 여동생이 아버지에게 말을 했다면?

내가 장례식장에 갔을 때 딸 민하에 대해 물은 사람은 승필이가 유일했다.

"민하 누나는 잘 지내요?"

"잘 지낸다."

나의 할머니는 평생을 가난하고 힘들게 살았지만 공부의 힘을 알고 있었다. 그래서 손자들 중 누구라도 대학에 들어가면 만원을 주겠다고 공표했다. 사촌누나와 사촌형은 그 돈을 받지 못했고, 큰누나가 첫 번째로 만원을 받았으며, 작은누나가 두 번째로 받았다. 내가 고3 가을 어느 날,

집에 들어가자 큰누나가 나에게 만원을 주었다.
"할머니가 너 주라고 만원을 주고 가셨다."
나는 어리둥절했다. 고3일 뿐 대학에 들어간 것은 아니었다. 대학에 들어간다는 보장은 없었다.
"설마 네가 대학엘 못가겠니."
나는 미래를 앞당겨 만원을 받았고, 친구와 함께 옷가게에 가서 회색 당꼬바지 한 벌을 샀다. 1979년 가을이었다. 42년 전의 만원을 지금도 잊지 못한다. 할머니의 격려금 덕분에 나는 대학에 간 것인지도 모른다.
딸 민하가 할아버지에 대해 어떤 기억을 갖고 있는지 나는 알지 못한다. 한번도 그것에 대해 묻지 않았으며 내가 죽을 때까지도 물을 생각이 없다. 안타까운 것은, 할아버지가 친손녀에게 잊지 못할 어떤 기억도 남겨주지 '않았을 것'이라는 점이다. 나의 잘못인지, 아버지의 잘못인지 세상 사람들에게 묻고 싶다.

딸은 결혼 후 자신의 물건들을 ―당연히― 챙겨 갖고, 아내와 나는 딸방을 대대적으로 정리해서 불필요한 물건들은 모두 버렸다. 그러나 지금도 나의 집에는 딸의 물건들이 많다. 초등학교 때 받은 수많은 상장과 그림들, 친구들과 주고받은 쪽지편지들, 초중고등학교 졸업앨범, 장난감을 비롯해 수십 점이 여전히 나의 집에 있다.
2007~8년 즈음 여산에 사는 막내 사촌남동생이 결혼했다. 나는 결혼식장에 가지 않았다. 아버지를 만나지 않기 위해서였다. 두어 달 후 익산으로 내려가 여산 큰집을 찾아갔다. 사촌동생의 결혼을 뒤늦게나마 축하해주기 위해서였다. 그는 여산에서 농사를 지으며 자동차 정비 일을 했는

데 시골 총각이 그러하듯 40이 넘어 베트남 여자와 결혼했다. 고향집을 지키는 사람은 6명의 사촌들 중에서 그뿐이었다.

사촌동생과 베트남 새색시와 저녁을 먹고 결혼 앨범을 보았다. 사진 속에 아버지와 엄마가 있었다. 아버지의 근엄하고 인자한 모습은 변하지 않았다. 다만 세월의 무게를 지울 수 없을 뿐이었다. 다음날 나는 사랑방에서 앉은뱅이책상 하나를 발견했다. 옆으로 기다란 밤색 책상이었다. 아무런 의미가 없는 투박한 책상이었으나 견고했고, 고전적이었다. 합판이 아니라 참나무로 만든 것이었다.

"이 책상은 뭐니?"

"작은아버지가 쓰던 기요."

나는 깜짝 놀랐다. 아버지가 쓰던 책상이 있었다니! 적어도 1살 때부터 큰집을 그렇게나 많이 드나들었는데 처음 보는 것이었다.

"그동안 다락에 있었는디 내가 쓸라고 꺼냈지요. 작은아버지가 중학교 때 맹글었다고 하던디요."

나는 깊은 한탄이 나왔다. 아버지가 고향집을 떠난 것은 1956~7년 무렵이다. 51년 동안 아버지의 책상은 고향집을 지키고 있었다. 사람의 흔적은 그리 쉽게 사라지지 않는다는 사실을 또 한번 깨달았다. 할머니가 나에게 준 만원은 사랑의 흔적이었다.

내가 남중동 집을 떠난 것은 결혼 후 1988년 3월 14일이었다. 이후 서울에서 단칸방 신혼살림을 하면서도 고향집에서 내 물건과 책을 조금씩 가져왔다. 1999년 7월 어느 날, 남아 있는 물건들과 책을 모두 트럭으로 싣고 왔다. 책은 라면박스로 37개였다. 그날 이후 나는 남중동 집에 한번도 가지 않았다. 22년이 흘렀지만 아직도 그 집에는 나의 물건이 남아있

다. 99년 7월만 해도
"남은 물건은 다시 한번 더 와서 가져와야겠다."
고 마음먹었으나 실천에 옮기지는 못했다.
아버지의 장례를 치르고 돌아온 후 남중동 집에 남아있을 것이 분명한 나의 흔적을 모두 지우리라 마음먹었다. 그리고 아버지가 남긴 수많은 책들 중에서 꼭 필요한 것들을 가져와야겠다고 결심했다. 그러다가 문득 "과연 책이 내 삶에 필요한가?" 의문이 들었다.

책을 사랑하는 사람은 가난과 친구가 된다

"집에 책이 너무 많아요. 정리 좀 해요."

아내가 말한 정리의 의미는 불필요한 책은 버리라는 뜻이었다. 나는 속으로 '이 세상에 버릴 책이 있나! 나름대로 다 가치가 있지' 생각했다. 며칠 후 내 방 의자에 앉아 무심히 책장을 보았다. 책 하나가 눈에 들어왔다.

<2009 부동산 대예측>

그날은 2014년 가을 어느 날이었다. 어떤 경로를 통해 언제 내 책장에 꽂히게 되었는지 기억나지 않았다. 다음 주 수요일 저녁에 책꽂이에서 불필요한 책, 즉 '쓰레기 책' 20권을 골라냈다. <2009 부동산 대예측>이 첫 번째 책이었다. 꽁꽁 묶어 다음날 아침 분리수거할 때 버렸다. 그 다음 주 목요일에도 20권을 버렸고, 그 다음 주 목요일에도 20권을 버렸다. 빈 자리에는 거실에 있던 잡동사니를 옮겼다. 거실은 조금씩 넓어졌고 내 방은 쾌적해져 갔다. 그렇게 40주 동안 쉬지 않고 800여 권을 버렸다. 그동안

내가 얼마나 미련하게 살았는지를 40번이나 깨달았다. 누군가 그 이야기를 듣고

"헌책방에 팔면 돈을 받을 텐데..."

아쉬워했다. 헌책방에 팔면 3만 원정도 받았을지도 모른다. 그러나 쓰레기가 다른 사람에게 건너가 그 사람의 인생에 나쁜 영향을 끼치게 하고 싶지 않았다. 나는 그 책들이 전부 파쇄공장으로 들어가 가루로 분해되기를 원했다.

지금 당신이 책이라는 것을 가지고 있다면 눈을 부릅뜨고 살펴보라. 100권 중에 97권이 <2009 부동산 대예측>과 똑같다. 과거의 헛된 예언만이 담겨 있다. 버릴 것인가, 소유할 것인가 판단하는 데는 0.1초면 충분하다. 나는 제목을 보는 순간 '쓰레기' 아니면 '소유'로 분류했다.

살아남은 책은 세계문학전집, 철학, 역사, 미술, 한국소설과 시였다. 한국소설 중에서도 문학적/역사적 의미가 없으면 쓰레기로 처리했다. 여성 작가의 소설은 박경리, 박완서, 오정희, 서영은 4명의 책만 남기고 모두 버렸다. 해외 소설 중에서는 극히 일부가 살아남았다. 노벨문학상 수상작품도 아낌없이 쓰레기 처리되었다. 이 책을 버릴 것인가, 소유할 것인가 고민하게 만든 책은 2권이었다.

* 제목은 그대로 표기했다.

● <나는 빠리의 택시운전사>, 홍세화, 창작과비평사, 1995년
● <바람과 구름과 碑 비> 전10권, 이병주, 기린원, 1992년

앞의 책은 베스트셀러였었다. 그러나 나는 이 책을 읽지 않았다(나는

아주 나쁜 독서습관을 가지고 있다. 첫째는 베스트셀러를 읽지 않는 것[그래서 시류를 알지 못한다], 둘째는 재테크 책을 읽지 않는 것[그래서 늘 가난하다], 셋째는 특별한 경우가 아니면 여자가 쓴 책은 읽지 않는 것[그래서 세상의 반을 알지 못한다]이다). 이 책이 어떤 경로를 통해 언제 내 책장에 꽂히게 되었는지 기억나지 않았다. 나는 쓰레기 더미에 올려놓았다. 한참 바라보다 다시 책꽂이에 꽂았다.

이병주는 내가 존경하는 작가 중 한 명이었다. 그의 책들

- <關釜連絡船 관부연락선> 상·하, 기린원, 1980년
- <哲學的 殺人 철학적 살인>, 瑞音出版社(서음출판사), 1976년
- <亡命 망명의 늪>, 瑞音出版社, 1979년

등은 소중히 간직하고 있었다. 그러나 <바람과 구름과 碑>는 읽은 책이 아니었고, 앞으로도 읽을 자신이 없었다. 그럼에도 일단은 책꽂이에 다시 꽂았다.

딸이 결혼하고 외손자들의 장난감(대부분 미니카와 액션카, 로봇, 공룡)이 늘어나면서 공간이 부족해졌다. 2017년 나는 다시 책 정리에 들어갔다. 살아남은 책들을 하나하나 살폈다.
'도대체 왜 이 책이 살아남았지?'
의아한 마음이 들면 무조건 폐기였다. 약 300여 권을 또 버렸다. 4년에 걸쳐 모두 1,100권을 버렸다. 그래도 600여 권의 책이 남았으니 나는 정말 미련하다. 대학원 석사학위논문을 버릴까 말까 망설이다 우선은 보

관하기로 했을 만큼 미련하다(어쩌면 4~5년 후 현명한 사람으로 탈바꿈하면 버릴지도 모른다).

참고로, 살아남은 책 몇 권을 적어본다(이 책들이 '좋은 책'이라는 뜻은 아니다. 단지 나의 성향일 뿐이다).

- <60年代式 년대식>, 김승옥, 민중서관, 1983년
- <浮草 부초>, 한수산, 민음사, 1977년
- <라하트 하헤렙>, 조성기, 민음사, 1985년
- <드레퓌스 사건과 知識人 지식인>, N. 할라즈, 한길사, 1994년
- <人間 인간의 條件 조건> 전3권, 五味川純平(고미카와 준페이), 세종출판공사, 1990년
- <험볼트의 膳物 선물>, 솔 벨로우, 현암사, 1978년

집은 더 넓어졌고 그만큼 손자들의 장난감 자동차들과 변신로봇, 공룡들이 늘어났다. 매우 기쁜 일이었다.

거기에서 끝났다면 좋았으련만 연남동 창고 집필실에는 책이 더 많았다. 7개 책장에 가지런히 꽂을 수 없어 옆으로 뉘여 놓았으며, 그래도 남은 책들은 바닥에서부터 차곡차곡 쌓아놓았다. 3일의 작업 끝에 버릴 책들을 뽑아냈다. 대략 1,500권이었다.

"못 쓰는 냉장고, 티비, 컴퓨터 팔아요~~"

마이크 방송이 골목에 울려 퍼지자 후다닥 뛰어나가 고물 장사 트럭을 불러 세웠다. 고물 아저씨는 지하창고로 들어와 40권 단위로 묶어놓은 책 무더기를 힐끗 보고는 말했다.

"2만 원 드리다."

"그그건... 너무 싸요. 3만 원은 주셔야지요."

"남는 게 없어요, 2만 5천 원 드릴게. 그 대신, 트럭까지 날라주어야 해요."

그는 내 대답도 듣지 않고 지갑을 꺼내 25,000원을 내밀었다. 우리는 낑낑 거리며 책을 날랐다. 그는 트럭에 오르기 전 명함을 주었다.

"내가 보니께 아직도 책이 많튼데... 다음에 또 불러요."

그는 눈썰미가 좋았다. 1,500권을 버렸는데도 여전히 1,000여 권이 남았고, 4~5년이 흐르면서 1,500권으로 늘어났다. 이제 또 한번 대대적으로 정리할 시기가 온 것이다. 고물 장수는 눈썰미에 덧붙여 미래를 투시하는 능력도 있나보다.

참고로, 살아남은 책 몇 권을 적어본다(이 책들이 '좋은 책'이라는 뜻은 아니다. 단지 나의 성향일 뿐이다).

- <世界 세계의 旅行 여행>, 전10권, 칼라판, 대형사이즈, 문학당, 1983년
- <베트남 10,000일의 전쟁>, 마이클 매클리어, 을유문화사, 2002년
- <사랑의 문화사 : 빅토리아 시대에서 현대까지>, 스티븐 컨, 말글빛냄, 2006년
- <第三共和國 제3공화국> 전14권, 김교식, 교육출판공사, 1986년
- <다시는 자살을 꿈꾸지 않으리라: 알베르 까뮈 箴言錄 잠언록>, 알베르 까뮈, 청하, 1982년
- <林巨正 임거정> 전9권, 벽초 홍명희, 사계절, 1985년

* 이 책은 훗날 10권으로 재편집되었다. 1980년대 중반에 이 책을 구하기는 매우 어려웠다. 나는 대학신문사 편집부장의 주선으로 1세트를 샀다.

며칠 후 담배를 사러 편의점에 가다가 골목에서 이삿짐 트럭과 마주쳤다. 3층짜리 옹색한 연립주택 앞에 1톤 트럭이 세워져 있고 현관 앞에는 살림살이가 쌓여 있었다. 운전기사와 두 명의 남자, 한 명의 노부인이 짐을 싣기 바빴다. 무심히 지나치던 나는 발걸음을 멈추었다. 책 무더기가 많기 때문이었다. 살림살이는 보잘 것 없었다. 조립 컴퓨터, 오래되고 작은 평면 TV, 낡은 책상과 팔걸이 없는 의자, 10년이 넘었음직한 선풍기, 닳아빠진 부엌용품들... 나열하기 민망한 살림들이었다.

그에 비해 책은 엄청 많았다. 대충 보아도 2천 권이 넘었다. 대부분의 제목이 한문이었으며(위의 목록에서 보듯 1980년대 후반까지만 해도 소설 제목에 한문을 썼다), 장식용이 아니라 실제로 읽은 책들이었다. 책의 옆면을 보면 알 수 있었다.

또 무엇인가의 본질을 정직하게 설명한 책들이었다. <西洋 哲學史 서양철학사>, <中國 近代史 중국근대사>, <懲毖錄 징비록>.... 우리 사회에서 범람하는 <재미있는 서양 철학의 역사>, <알기 쉬운 중국 근대사>... 그런 책은 없었다. 책의 주인은 오랜 시간에 걸쳐 많은 책을 꾸준히 읽어왔다는 뜻이었다. 그 남자가 트럭 뒤에서 기사와 함께 짐을 싣고 있었다. 나는 그를 보았다. 흰 머리의, 왜소하고, 값싼 옷을 입은 60대 후반의 남자였다. 손에 들린 핸드폰은 폴더폰이었다. 부인 역시 남편과 비슷했다. 아들이나 딸 누구도 보이지 않았다. 이 연립은 13평이었다. 나는 트럭 기사에게 물었다.

"어디로 가나요?"

기사는 엉겁결에 그리고 퉁명스레 서울 변두리 동네 이름을 말했다. 부부는 연남동보다 더 싼 거주지를 향해 가고 있는 것이었다. 나는 편의

점으로 발길을 돌렸다. 그는 '진짜 책'을 읽은, 그것도 '많이 읽은' 대한민국 한 남자의 초상이었다. 60대 후반이 될 때까지 자신의 번듯한 집 한 채를 마련하지 못하고 좁은 연립주택을 전세(혹은 월세)로 전전하는 이유는 그가 책을 읽었기 때문이었다. 부모의 이삿날에 자식들이 한 명도 오지 않는 이유는 그 아버지가 책을 많이 읽었기 때문이었다.

내가 만난 사람들 중에 책을 많이 읽어 성공(출세)한 사람은 단 한 명도 없었다. 바꾸어 말하면, 대한민국에서 성공(출세)한 사람 중에 책을 많이 읽은 사람은 없었다. 성공(출세)한 사람들은 단지 공부를 잘해서 ─구체적으로는 국영수를 잘해서─ 그 자리에 올랐을 뿐이다.

TV를 보면 간혹 전문가 인터뷰가 나온다. 그 전문가들(대부분 교수)의 뒤에는 수백 권의 책이 꽂혀 있는 책장이 보인다. 사람들은 그 책들을 보고 "역시 전문가(교수)는 책을 많이 읽는다"라고, 혹은 "읽었다"라고 단정 짓는다. 유심히 보면 그 책들은 그저 꽂혀 있을 뿐이다. 단 한번도 들춰보지 않았다는 것을 그 책들의 상태를 보면 짐작이 간다. 나는 심지어 김동인의 <감자>나 김유정의 <봄봄>조차 읽지 않고 국어 교사를 하는 사람도 보았다. 그들은 전부 공부를 잘한 사람들이지, 결코 책을 읽은 사람들이 아니다. 그럼에도 태반의 한국인들은 그들이 어렸을 때부터 책을 많이 읽어 성공(출세)했다고 믿는다. 커피와 콜라가 완전히 다르듯, 독서와 공부역시 완전히 다르다.

"책 속에 길이 있다"는 말은 새빨간 거짓말이다.

갈 이유가 없으며, 가지 못할 이유도 없다

월요일 저녁에 P 사장을 만났다.
"… …. 그나저나 시골집에 아버지가 남긴 책이 많이 있는데…. 그중에서 필요한 책을 가져올까, 말까 고민 중입니다."
"필요하면 가져와야지. 책이 얼마나 많은데?"
"아버지가 평생, 그러니까 50년 가까이 국어 선생님을 하셨으니까 적어도 4천 권 가까이 되지요. 1950년대에 간행된 책부터 시작해서…"
"너는 직업이 글 쓰는 것이니까 당연히 가져와야지. 또 아버지의 유품이고."
"그런데 문제는, 집에 가는 일이 싫고, 책을 가져와도 놓을 곳이 없다는 것입니다."
P 사장은 나의 현황을 가장 잘 아는 사람이었다. 연남동 지하창고에도 더 이상 내 책을 비치할 공간이 없었다.

"그렇기는 해도… 집에 한번은 가봐야지. 일단 아무 생각하지 말고 집에 가. 그리고 책들을 살펴보고 꼭 필요한 책을 30여 권이라도 가져와."

또 하나의 문제는 나에게 차가 없고, 더 큰 문제는 운전면허증이 없다는 사실이었다. 나는 운전에 대해 일말의 공포심이 있었다. 세상 모든 사람들은 내가 운전면허증이 없다는 사실을 알면 대단히 놀란다. 그렇지만 나는 크게 불편을 겪어본 적이 없다. 아내가 운전하는 아내의 차를 타면 되고, 또 다른 사람의 차를 얻어 타면 되었다.

"네가 시골에 간다면 내가 함께 가주지. 가서 책도 구경하고."

그는 (이제는 엄마의 집이 된) 고향 집에 가서 책을 가져와야 한다는 것에 1표를 주었다.

옳은 말이었고 멋진 호의였다. 그러나 내 마음은 정해지지 않았다. 며칠 후 사진작가 S형을 만났다. 그는 신문사 논설위원을 퇴직한 뒤 방방곡곡을 다니며 야생화 사진을 찍었다.

"당연히 가야지. 안 갈 이유가 없잖아. 그대는 유일한 아들이고… 살아생전에 서로 서먹했다 하여도 유품을 정리하고 아버지의 뜻을 이어 받아야지."

"하지만 집에 가는 일에 거부감이 듭니다."

"그 마음은 잘 알지. 그러나 그대가 고향집에 가서 집을 통째로 들고 오겠다는 게 아니잖아. 다만 옛 책들을 몇 권 가져오겠다는데, 그것을 나무랄 사람은 아무도 없지. 출발 날짜를 잡으면 나에게 전화해. 내가 함께 가주지. 익산에서 사진도 찍고. 책도 구경하고."

그는 (이제는 엄마의 집이 된) 고향 집에 가서 책을 가져와야 한다는 것에

1표를 주었다. 문득 지금까지 내가 상담한 사람들은 글 혹은 책과 관련된 일을 하는 사람들이라는 사실을 깨달았다. 그들은 모두 책이라는 것에 후한 가치를 주었다. 며칠 후 사업가 V를 만났다. 그는 고등학교 선배이자 아버지의 제자였다.

"그 책들을 가져다 무엇 하려고?"

"… …"

"그 책들이 돈이 되나?"

"될 수도 있지요. 1950년대에 간행된 희귀본은 값이 상당히 비쌀 수도 있어요. 흔히 말하는 '철수와 영희' 그 옛날 국어 교과서는 2천만 원 가까이 한다고 하더군요."

> * 이는 매우 과장된 이야기라 생각한다. 인터넷 헌책방을 뒤져보면 1954년에 간행된 <중학국어>(문교부)는 10만원 내외, 1960년 국민학교 <국어>(문교부)는 3만~5만원 안팎으로 거래된다. 1960~70년대에 입학 인원을 1년에 50~60만 명으로 보고, 10년만 계산하면 대략 600만 권 이상의 <국어> 교과서가 배부되었다는 뜻이다. 아무리 많은 사람이 책을 버렸다 하여도 최소 0.1%인 6천 권은 존재한다고 볼 수 있다. 그럼에도 초판본은 비싸다고 하는데… 실제 거래가는 얼마인지 궁금하다.

"그래? 그러면 2천만 원을 벌어서 그 책을 사면 되지."

"… …"

백 번 맞는 말이었다. 나는 손자의 변신로봇을 구하러 청계천에 갈 때마다 헌책방도 빠짐없이 순례했다. 7~8년 전인가는 미국 잡지 <National Geographic> 100권을 10만 원에 구입했다. 책방 주인은

"각각 다른 100권을 구하느라 애먹었죠."

하면서

"다른 책도 필요하면 언제든 말만 하세요. 어느 책이든 싸게 구해드립죠."

제안했다. 백만 원을 준다면 그는 무슨 수를 써서든 <National Geographic> 1,000권을 구할 수 있었다. 나는 그를 통해 1970년대에 간행된 <國展圖錄 국전도록>(대형판, 양장본, 일부는 원색) 10권을 10만 원에 구입했다(어떤 책에는 국전 전시장을 둘러보는 박정희 대통령의 사진도 있다). 만약 현금 천만 원을 들고 청계천에 간다면 ―협상을 잘 한다면― 5000권의 옛날 책도 너끈히 소유할 수 있다. 그러므로 V의 말은 백번 옳았다.

어리석은 시절에 나는 책을 사랑했었다.

"여기에 3만 원짜리 책 두 권과 현금 10만 원이 있다면 무엇을 갖겠는가?"

물으면 나는 두 번 생각할 필요도 없이 책을 선택했다. 나처럼 어리석은 사람이 100명 중에 2~3명은 반드시 있게 마련이다. 나는 그 미련함을 반백년 동안이나 되풀이했다. V는 담배를 내밀었다. 실내인데도 버젓이 담배를 피웠다.

"그대가 고향집에 한번 가보는 것은 자네 맘이니 가고 싶으면 가고, 가기 싫으면 가지 말게. 그러나 책 나부랭이를 가지러 간다는 것은 아무 의미가 없네. 나 같으면 그 시간에 돈을 벌겠네. 자네는 작가니까 베스트셀러를 써서 돈을 벌어야지. 그 돈으로 갖고 싶었던 책을 사게나."

"……"

V는 담배를 끄고 손을 들어 사무실을 빙 둘러 가리켰다. 15평 정도의 잘 꾸며진 사무실이었다. 유리 장식장에는 멋진 상패와 트로피들이 들어

있었고 벽에는 표창장 액자가 여러 개 붙어 있었다. 구석에는 G/FORE 골프 가방이 세워져 있었다. 펼친 신문지 크기의 추상화 유화 그림, 풍경화 유화 그림 두 점도 값비싼 액자에 담겨져 있었다.

"저 그림을 700만 원에 샀지. 화가가 지금도 간혹 찾아온다네. 그런데 이 방에는 없는 게 있지. 무언지 아나?"

"……"

"책이 없지."

그러나 그의 책상과 유리장 안에는 30여 권의 책이 꽂혀 있었다. 나는 그것들을 가리켰다.

"저것들은 책 아닌가요?"

"제목들을 보게나. 책이 아니라 해설서일세. <개정 세법해설서>, <현대 무역실무 증보판>, <노동법 일람>.... 그저 가이드북이지. 나는..."

그는 또 담배 한 대를 피워 물었다. 나는 차디차게 식은 커피를 마셨다.

"작가 앞에서 이런 말 하기는 미안하네만... 나는 평생 책 한권을 '제대로' 읽지 않았네. 지금 돌이켜 보면, 솔직히 말해서 내가 그나마 돈을 벌 수 있었던 것은 고등학교 때 <수학의 정석>, <성문 종합영어>, <한샘 국어>를 독파할 수 있었기 때문이지. 그 책, 아니 그 해설서 덕분에 속칭 일류 대학에 들어갔고, 대학에 들어가서도 <경제경영통계>, <국제무역론>, <핵심 창업과 마케팅> 그런 책들을, 아니, 해설서만 읽어서 기업체를 세울 수 있었지. 내가 만약..."

담배를 끄고 내 눈을 바라보았다.

"내가 만약 소설 나부랭이나 철학책을 읽었다면 자네처럼 되었겠지."

나는 얼굴이 빨개졌다.

"자존심 상하겠지. 내가 남들에게 나 자신을 교양있는 사람으로 보이게 하고 싶다면 지금 당장 책을 1억 원어치를 사서 이 방을 꾸밀 수 있네. 하지만 쓸데없는 짓이지."

"… …"

"자네도 학교 다닐 때 <삼중당문고> 많이 읽었지?"

"… 네."

나는 중학교 2학년 때 이어령의 <바람이 불어오는 곳: 이것이 西洋 서양이다> (삼중당문고 73번, 1975년)를 처음으로 읽기 시작한 이후 30여 권의 삼중당문고를 읽었다(그리고 이어령이 내가 어렸을 때부터 읽어왔던 <世界文章大百科事典 세계문장대백과사전>의 편저자였다는 것을 알고 다시 한번 그의 박학다식에 경탄을 금치 못했다). 시집 <햄버거에 대한 명상>(1987년, 김수영문학상 수상작)으로 유명한 시인 장정일은 시 '삼중당 문고'를 썼는데, 삼중당문고에 대한 가장 멋진, 정확한, 향수를 불러일으키는 시라 생각한다.

> 급우들이 신기해하는 것을 으쓱거리며 읽었던 삼중당 문고
> 표지에 현대미술 작품을 많이 사용한 삼중당 문고
> 깨알같이 작은 활자의 삼중당 문고
> ― '삼중당 문고', 장정일, <길안에서의 택시 잡기>, 1988년

위 시에 나온 것처럼 삼중당문고는 활자가 너무 작아 나는 '서문문고'를 더 많이 사서 읽었다. 그 외에도 박영문고, 을유문고, 탐구당문고, 삼성문화문고, 문예문고, 정음문고, 범우문고 등 여러 종류의 문고판을 읽었다.

- <裸者 나자와 死者 사자> 전2권, 노먼 메일러, 博英文庫(박영문고) 236, 1982년
- <봇짱>, 나쓰메 소세키(夏目漱石), 乙酉文庫(을유문고) 248, 1984년
- <歷史 역사를 움직인 책들>, 로버트 다운즈, 三星文化文庫(삼성문화문고) 78, 1983년
- <욘손 短篇選集 단편선집>, 에이빈트 욘손, 瑞文文庫(서문문고) 162, 1975년

* 욘손은 1974년 노벨문학상을 받은 스웨덴 작가이다. 소설 <보트속의 남자>가 특히 인상 깊었는데, 이 소설을 읽고 하칸이라는 남자가 어떻게 되었는지 무척 궁금증이 들었다. 큰누나는 "그는 죽었으며, 보트 속의 남자는 죽음의 사신"이라고 일러주었다. 큰누나의 해석이 맞는 것인지, 틀린 것인지 지금도 아리송하다.

- <文酒半生記 문주반생기>, 양주동, 汎友文庫(범우문고) 80, 1978년
- <아름다운 영혼의 告白 고백>, 괴에테, 文藝文庫(문예문고) 2, 1972년

여덟 살이 될 때까지는 저는 아주 튼튼한 아이였읍니다. 그러나 그 시절의 일은, 제가 이 세상에 태어난 날의 일처럼 전혀 기억에 남아 있지 않습니다. 여덟 살이 된 지 얼마 안 있어서 저는 각혈을 하였읍니다. 그 순간에 저의 마음은 모든 것을 뚜렷하게 느끼고, 기억하게 되었던 것입니다. 이 뜻하지 않던 사태는, 가장 사세한 일까지도 "어제 일어났던 일처럼 지금도 눈 앞에 뚜렷이 떠오릅니다."

등이 기억에 남는다.

그렇다! 모든 일들이 "어제 일어났던 일처럼 지금도 눈앞에 뚜렷이 떠

오른"다.

V는 썩은 미소를 지었다.

"그때 내 친구들 중에도 돈을 아껴 삼중당문고를 사서 읽는 놈들이 있었지. 40년이 흐른 지금 그놈들 중에 버젓이 사는 놈은 하나도 없네."

"… …"

"장례식장에 남성고 출신들이 많이 왔나?"

"아무에게도 연락하지 않았습니다."

작은누나의 말에 따르면, 아버지는 돌아가시기 2달 전에 작은누나의 번호만 남기고 핸드폰에 저장되어 있는 번호를 모두 지웠다 한다. 90년을 살면서 결국 딱 하나의 번호만 아버지에게 남은 것이었다.

"내가 선생님을 마지막으로 본 게 5년 전이네. 저녁을 먹고 헤어질 때 간곡히 당부하시더군. 앞으로 찾아오지 말라고. 그러면서 '나이 먹은 사람이 세상을 돌아다니는 것은 큰 결례'라고 말하셨지. 선생님은 늙어가는 모습을 제자에게 더 이상 보이고 싶어 하지 않으셨네."

V는 고등학교 2학년 때 아버지가 담임을 맡은 반의 반장이었다. 그는 적어도 두 달에 한 번(항상 일요일) 우리 집에 놀러왔다. 내가 중학교 1학년 때였다. 그때 집에는 남성고 3학년 하숙생 2명, 이리고 하숙생 1명, 이리농고(나의 사촌형) 하숙생 1명이 북적거리고 살던 때였다. V는 집에 오면 일단 아버지, 엄마에게 인사한 후 하숙생 선배들과 어울려 갖은 수다를 떨고, 배드민턴을 치고, 탁구를 치고, 때로는 막 공무원 생활을 시작한 삼촌의 호의로 다 함께 삼남극장으로 몰려가 영화를 보았다. <타워링>(The Towering Inferno), <007 황금총을 가진 사나이>(The Man with the Golden Gun) 등이 특히 재미있었다. <영자의 全盛時代 전성시대>가

극장 간판에 걸렸을 때 과연 그 영화를 볼 것인지, 말 것인지를 두고 격한 토론을 벌인 끝에 보러 가기로 했다. 아주 멋진 영화였다. 훗날 그 영화가 조선작의 소설(1973년)을 바탕으로 했다는 것을 알고 즉시 읽었다. 소설이 영화보다 더 뛰어났다.

* 조선작(趙善作)은 1971년 <세대>에 단편 <지사총>(志士塚)을 발표하면서 등단하였다,고 소개되어 있다. 나는 이 소설을 1980년대 초반 <신춘문예 낙선작품집>(혹은 '낙선소설집')에서 읽었다. 아마도 조선작이 신춘문예에 응모하였다가 떨어진 작품을 <세대>에 발표한 것으로 추정한다. 아쉽게도 이 책은 분실되었으며, 국립중앙도서관에도 등재되어 있지 않다. 평생 동안 이 소설을 읽은 사람(내가 워낙 인간관계가 좁은 탓에)을 딱 1명 만났다.

"혹시 서상권을 아십니까?"
V는 얼굴을 찌푸렸다.
"잘 알았었지. 1학년 때 내 짝이었네. 집이 무척 가난했는데 공부는 잘했어. 3월 초에 <장래 희망 대학> 조사를 했는데 그 녀석은 전북대 사범대학을 써냈지. 아예 처음부터 선생님이 되겠다고 작정했어."

나는 그때 1지망으로 —제 분수를 모르고— 육군사관학교, 2지망으로 경희대 국문과를 써냈다. 경희대를 쓴 이유는 소설가 황순원이 국문학과 교수로 있기 때문이었다. 중학교 3학년 교과서에 실린 <소나기> 외에 훗날 내가 읽은(소유한) 황순원의 소설은 다음과 같다.

● <日月 일월>, 文學과知性社(문학과지성사), 1983년
● <人間接木 인간접목, 나무들 비탈에 서다>, 文學과知性社, 1981년
● <별과 같이 살다. 카인의 後裔 후예>, 文學과知性社, 1981년

"그런데 그 서상권이가 3학년 예비고사가 끝나고 본고사를 보기 한 달 남짓 공부할 곳이 없어서 고민하더군. 녀석은 합격이 목표가 아니라 장학생이 목표였어. 그래서 내가 자네 아버지에게 부탁하라고 했지."
"아!"
그는 약 30일 동안 우리 집에서 공짜로 먹고 자면서 공부했다. 그런 학생은 그 말고도 여럿이었다.
"그 서상권 선배는 지금 무엇 합니까?"
"사범대를 나왔으니 당연히 선생님이 되었지."
"아!"
"그날 이후 서상권이 아버지를 한번이라도 찾아갔었나?"
"아닙니다."
V는 고개를 끄덕였다.
"그 녀석도 삼중당문고를 부지런히 읽은 놈이네. 나는 평생 책을 두 권 읽었지. 그러면 된 것 아닌가!"
"……"
"내가 그대의 자존심을 상하게 하는 이유는, 그까짓 책에 신경쓰지 말고 지금이라도 돈을 벌게나. 앞으로 최소 30년은 더 살아야 하는데. 그 낡은 책들을 가지고 무엇을 하겠나? 고민할 시간에 베스트셀러를 쓰게."
"……"

"7~8년 전에, 자네도 잘 알다시피 <What is justice?>, <정의란 무엇인가>라는 책이 대유행한 적이 있었네."

'11년 전'이라고 정정해주지 않았다. 그 책이 처음 나왔을 때(2010년) 나는 아버지의 서재에 꽂혀 있었던 책 한 권을 떠올렸다.

● <正義 정의란 무엇인가> 三中堂 思想叢書(삼중당 사상총서) 1, 1982년

한스 켈젠(Hans Kelsen)이라는 오스트리아 법학자의 책이었다. 제5공화국 시기에 그 책이 널리 읽혀지기는 어려웠다. 그런데 28년 후에 같은 제목으로 나온 책은 초베스트셀러가 되었다.

"너도나도 그 책을 샀지. 대학생들은 말할 것도 없고, 우리 회사 직원들 태반도 그 책을 들고 다니더군. 경영인 모임에 가면 그 책에 대해 이야기하는 사장들도 꽤 있었지. 우리나라에서 글자를 안다고 하는 사람들은 대부분 샀던 것 같아."

나는 그 책을 사지 않았고, 읽지도 않았다.

"나도 '어쩔 수 없이' 그 책을 샀네. 두 페이지 읽고 쓰레기통에 버렸네."

"……"

"그 책은 열풍을 일으켰고, 우리 사회에 정의라는 화두를 던졌지."

V는 나를 똑바로 바라보았다.

"자네는 우리 사회가 정의롭다고 생각하나?"

"……"

"그 책이 나온 이후 대통령이 세 번이나 바뀌었네. 자네는 우리 사회가 '정의로워졌다'고 생각하나?"

"……."

"그런 책을 100번 읽는 것보다 '하늘을 우러러 한 점 부끄럼이 없기를, 잎새에 이는 바람에도 나는 괴로워했다' 이 시 구절 하나가 훨씬 더 감동적이고, 깨달음을 주네."

책이 인간에게 끼치는 폐해와 사회에 미치는 악영향에 대해 나보다 더 잘 아는 사람은 없을 것이었다. 나는 작가로 등단한 이후 내 작품은 쓰지 못한 채 ─부끄럽게도─ 유명인사의 자서전을 수십 권 대필해 주었다. 국회의원(대부분 집권당), 사업가, 장/차관 출신 고위관료들, 유명대학 교수들의 자서전이 내 키보드에서 탄생되었다. 100만 권 이상 팔린 경제경영서, 에세이, 자기계발서 등의 베스트셀러를 개작하는 일도 여러 번했다. 그 책들은 대부분 허무맹랑, 과대포장, 매독환주(買櫝還珠: 나무상자는 사고 진주는 돌려줌, 본질을 망각하고 껍데기에 집중함)의 표본이었다.

그럼에도 나는 책을 사랑했다. V는 그 사랑이 잘못임을 증명하고 있었다.

"자네도 알다시피 우리 아버지는 무학에다가 시골 술주정뱅이였어. 자네 아버지와는 근본이 달랐지. 나는 청소년 시절에 그런 아버지와 엄청 싸웠다네. 그런데 지금은 효자 중의 효자로 이름이 높네. 왜 그런 줄 아나? 내가 부자가 되면 나를 보는 눈이 너무 많아서 효도를 하지 않을 수 없기 때문이지. 사람들은 가난한 사람들에게는 관심이 없네. 그가 효도를 하건 말건 신경쓰지 않지. 그러나 부자가 아버지를 천대하면 엄청난 욕설이 쏟아지지. 그래서 나는 아버지의 시골집을 60평짜리 2층 양옥으로 지어드렸고, 그랜저도 한 대 사주었네. 아버지가 묻힐 선산도 사놓았지. 아버지는 그 산을 보며 무척 기뻐하셨네. 자네는 효자인가?"

나는 사장 방을 나섰다. 세련된 파란 양복을 입은 비서가 엘리베이터 앞까지 따라와 내림 버튼을 누르고 정중히 인사했다.

"안녕히 가십시오."

멈추어 버린 1등, 그러나 아직도 늦지 않았다

나는 가지 않기로 했다. 앞의 두 사람은 '당연히 가야 한다'는 당위성에 대해 조언했지만 현실을 타개하는 방법은 아니었다. V는 정확히 핵심을 찔렀다. 그리고 해결책을 제시했다. 또 하나, 나에게 질문을 던졌다.

"자네는 효자인가?"

큰누나 김윤경은 착했고, 명랑했으며, 아버지를 닮아 희미한 고독이 드리워진 얼굴이었다(훗날 누군가는 탤런트 유지인을 닮았다고 말했다). 장녀로서의 책임감도 강해 엄마를 도와 집안일을 열심히 했고, 동생들도 잘 돌보았다. 또 독서광이었다. 고무줄놀이, 공기놀이, 우리집에 왜왔니, 도둑놈살이 등의 다양한 놀이도 잘 가르쳐주었다. 한겨울 밤 동생들을 앉혀놓고

하나요, 할머니가 지팡이 짚고 털털털

둘이요, 두루미가 다리가 길다고 털털털
셋이요, 새색시가 화장을 한다고 털털털

그 놀이를 신나게 하던 때를 지금도 기억한다. 훗날 백석(白石)의 시 '여우난곬족'을 읽었을 때 시인이 나열한 '쥐잡이, 숨굴막질, 꼬리잡이, 가마 타고 시집가는 놀음 말 타고 장가가는 놀음, 조아질, 쌈방이 굴리기, 바리깨돌림, 호박떼기, 제비손이구손이' 등의 놀이 명칭을 보고 내가 알지 못하는 놀이들이 참 많이도 있구나, 감탄했었다.

큰누나는 또 학교에서 리더십도 뛰어났다. 가장 크게 아버지를 기쁘게 해준 것은 공부를 잘했다는 점이었다. 선(先)지원 후(後)시험으로 중학교를 진학하던 시절에 큰누나는 남성여중 입학시험을 치렀다. 며칠 후인 12월 하순 어느 날 큰누나의 담임선생님이 집으로 찾아왔다. 그때는 집에 전화가 없었다. 큰누나는 깜짝 놀랐다. 담임선생님은 대문간에서 아버지에게 정중하게 인사한 후 말했다.

"윤경이가 입학시험에서 1등 했어요."

큰누나는 신입생 대표로 학생 선서를 했고, 반장을 맡았다. 이후 이리시장기 쟁탈 웅변대회, 한국반공협의회 이리시 지부 주관 반공방첩 포스터 그리기 대회, 전북미협 중고교학생 사생대회, 도 교육청 주관 고전읽기 대회, 학생 백일장 대회를 휩쓸었다. 큰누나가 받아온 우수상, 모범상, 표창장은 차고 넘칠 정도였다. 또 RCY(Red Cross Youth 청소년적십자단)에 가입해 활발하게 활동했다. 남학생들 중에서는 누나를 보려고 RCY에 일부러 가입하기도 했다. 자전거를 배워 일요일이면 그 남학생들과 교외로 놀러가기도 했다. 어느 겨울날에는 불우학생들에게 학용품을 전달하는 행사를 마치고 남은 지우개 2개를 가져와 작은누나와 나에게 주었다.

　중 3이 된 큰누나가 어느 고등학교로 진학할 것인지 사람들은 궁금해했다. 아버지가 재직하는 남성학원 재단에서는 당연히 남성여고로 진학할 것을 권했다. 언제나 전교 1~2등을 하는 큰누나가 입학하면 3년 후 서울대에 합격하리라 다들 믿었다. 하지만 아버지는 그 권유를 깨고 전주여고로 지원시켰다. 그때까지도 우리 집의 살림은 넉넉한 편이 아니었다. 가르쳐야 할 자식이 모두 5명이었고, 또 남동생(삼촌)을 여산에서 데려와 고등학교 때부터 가르쳐 전북대학교에 다니는 중이었다. 월급 모두가 식비와 학비만으로 충당되었다.

　아버지는 근검절약의 표본이었다. 그 시절의 아버지들이 대부분 그러했듯 그 무엇 하나 낭비하지 않았다. 결혼할 때 샀던 혁대를 내가 중학교에 입학하자 물려줄 정도였다. 나는 그 혁대를 두 달만에 버리고 새 혁대를 샀다.

　1974년 내가 중학교 1학년(큰누나가 고2) 때 <가정 현황 조사서>에 아버지의 수입을 월 5만 원으로 적어낸 것을 뚜렷이 기억한다. 같은 반 아이 중에 김정준은 동네 작은 구멍가게(우리는 그 집을 '첫째 점빵'이라 불렀) 아들이었다. 그 가게 앞에서 놀고 있을 때 정준이가 그 어머니에게 말했다.

　"엄마, 나도 손목시계 사줘."

　"돈이 어딨니?"

　"호경이네 아빠도 겨우 월급 5만 원 받는다는데."

　"이 녀석아. 우리는 5만 원이라도 버는 줄 아니!"

　나의 엄마 말에 따르면 학교 선생 월급이 그나마 조금 나아진 것은 1977년 이후라 한다. 지금 생각해보면 건설회사들의 중동 진출이 큰 디

딤돌이 아니었나 싶다. 그렇게 따져보면 1973년 전주로 고등학교를 보내는 것은 아버지, 엄마에게 엄청난 부담이었다. 그럼에도 아버지는 첫딸을 전주로 보냈다. 그것이 몰락의 씨앗이었다.

　작은누나 김현경은 입시제도가 바뀌어 뺑뺑이로 이리여중에 진학했다. 신입생 전부를 모아 시험을 본 후 그 결과로 반편성을 했다(나도 그랬다). 며칠 후 누나의 담임선생님이 집으로 찾아왔다. 부끄러움을 많이 타는 짠나는 놀라서 골방으로 도망쳤고 아버지가 나갔다. 나는 아버지를 졸래졸래 따라갔다. 겨울비가 내리는 1월 초였다. 우산을 쓴 선생님은 한사코 집으로 들어오는 것을 사양했다.
　"현경이가 시험에서 1등 했어요."
　아버지는 빙긋 웃었다. 나는 왜 전화로 그 사실을 알려주지 않았는지 지금도 의아하다. 사람들은 "김 선생네 집에서 여자 판사가 나올 것"이라고 입을 모았다. 작은누나는 3년 후 전주여고를 지원했으나 낙방했고, 후기인 전주성심여고에 들어가 큰누나와 둘이 자취를 했다. 매주 토요일 오후에 두 누나는 집에 왔고 일요일 오후에 반찬을 싸들고 다시 전주로 갔다. 딸 둘이 오면 아버지, 엄마가 가장 반겨했으나 사실 가장 좋아한 사람은 하숙생 형들이었다. 누나들을 보러 그 형들의 친구들이 마치 우연인 듯 놀러오곤 했다.

　이제 내 차례였다. 나는 뺑뺑이로 이리중학교(사립)에 입학했다. 구슬에 적혀 있었던 2번을 지금도 기억한다. 1월 초 어느 날 이리중학교에 배정받은 친구들과 함께 학교에 가서 실력평가 시험을 치렀다. 그러나 나의 담임선생님은 집으로 찾아오지 않았고, 전화도 걸려오지 않았다.

"1등을 했습니다."

는 통보는 작은누나에서 그쳤다. 그나마 다행히도 나는 1~60등까지의 특수반에 배치되었다. 첫 월말고사에서 반 43등, 전체 45등을 했다. 그리고 IQ검사에서 139가 나왔다. 전체 450명 중에서 공동 2등이었다(1등은 145였다). 나는 내 IQ가 그렇게 높다는 것을 알고 깜짝 놀랐다. 집에 와서 그 점수를 알려주자 아버지는 기쁜 표정과 걱정스런 표정을 동시에 지었다. 속칭 "머리는 좋은데 공부를 안 해서 성적이 나쁜 학생"을 너무나 많이 보아왔기 때문이었다. 그 예감은 틀리지 않았다.

그날 이후 내 성적은 지속적으로 하락했다. 중학교 2학년 담임이었던 박일권 선생님은 3월 3일부터 하루에 5명씩 60명 모두를 개인 면담했다. 성적, 가정현황, 장래 진로 등에 대해 이것저것 물었다. 내 성적표를 보고 던진 첫마디는

"아버지가 너를 그다지 신뢰하지 않지?"

였다. 나는 깜짝 놀랐다. 어쩌면 그렇게 정확히 맞출 수 있을까!

"... 네."

"신뢰를 받는 가장 좋은 방법은 공부를 잘하는 것이다."

나 역시 그 방법이 최선이자 유일한 방법이라는 것을 잘 알고 있었으나 실천하지는 않았다. 급기야 3학년 때는 61~120등까지 모은 특수반 B로 몰려났다. 나는 그 사실을 아버지에게 말하지 않았다. 당연히 아버지가 재직 중인 남성고등학교를 목표로 했지만 담임선생님은 '불가능'하다고 진단했다. 그럼에도 나는 야간 자습시간과 여름방학 특별수업을 할 때도 소설을 읽느라 바빴다.

● <이반데니소비치의 하루>, A. 솔제니친, 동화출판공사 세계의문학대전집 29, 컬러판, 양장본, 케이스입. 1976년

● <불타는 신록>, 구혜영, 성바오로출판사, 1973년

* 이 소설은 1975년 <여고졸업반>이라는 영화로 만들어졌다. 임예진을 청춘물의 스타로 만들어준 영화이다. 감독 김응천은 1984년에 <불타는 신록>으로 다시 영화를 제작했다.

● <수사반장> 전5권, 이철희, 宣明文化社(선명문화사), 1974년
* MBC TV의 그 유명한 '수사반장'을 소설로 각색한 시리즈이다.

● <灰色 회색 노우트>, 마르땡 뒤 가르, 文藝出版社(문예출판사), 1975년

* 이 소설은 여러 출판사에서 간행되었으며 2000년 민음사에서 발행한 <티보 가의 사람들> 전5권으로 합병되었다.

● <氷点 빙점>, 三浦綾子(미우라 아야코), 五倫出版社(오륜출판사), 1972년

● <韓國野談全集 한국야담전집> 전10권, 三省出版社(삼성출판사), 1964년

* 이 책은 국민학교 5학년 때부터 읽기 시작했다. 무척 재미있는 책이다. 운이 좋으면 지금도 헌책방에서 구할 수 있다.

그리고 만화방에도 부지런히 드나들었다. 담임선생님은 매주 토요일

종례를 할 때마다 극장, 만화방, 롤러장을 가지 말라고 엄명을 내렸으나 나는 국민학교 때부터 만화방을 아주 좋아했다. 류근철의 프랑스 레지스탕스 만화가 특히 감명적이었다(이 작가의 이름이 무엇인지는 정확하지 않다). 무협만화는 김세종(金世鍾)이라는 만화가(동양화가)의 작품이 단연 뛰어났다. 훗날 신문에 실리는 역사 연재소설의 삽화를 그리는 화가 이름에서 김세종을 발견하고 매우 반가웠던 기억이 난다.

어느 토요일 오후, 집에 돌아가는 길에 만화방에 들러 태평양전쟁에서 패한 일본군 패잔병의 탈출기를 그린 만화를 보았다(제목은 기억나지 않는다). 지극히 사실적이고 지극히 끔찍한 만화였다. 1995년 가을, 그동안 미루어두었던 고미카와 준페이(五味川純平)의 <인간의 조건>을 읽기 시작하면서 그 만화가 이 소설을 바탕으로 했다는 것을 알았다.

* 일본의 소설들 중에는 2차대전 패망 후 일본군과 일본인들이 겪은 고통을 적나라하게 묘사한 작품들이 상당수 있다. 그 소설들을 읽으면 가해자는 연합국이고 피해자는 일본인이라는 느낌이 강하게 든다. 반면 우리는 36년 동안 일제의 가혹한 지배를 받았으나 그 고통과 폐해를 그린 작품은 드물다.

덕분에 나의 성적은 나아질 기미가 없었다. 특히 수학, 물상, 생물에 약했다. 그럼에도 아버지에게 "남성고등학교에 장학생으로 들어갈 수 있다"고 거짓말을 했다. 원서를 쓰기 직전에야 그 거짓말이 탄로났다. 아버지는 극대노했으며, 집안은 폭격을 맞은 것 같았다. 엄마는 쓰러져 몸져누었다. 나는 집에 들어가지 못하고 이리역 앞 여인숙에서 이틀을 보냈다. 3일 째 되는 날 엄마가 학교로 와서 나를 데려갔다. 택시 속에서 엄마의 눈물을 처음으로 보았다. 아버지는 그윽하게 아들을 바라보다가 한마디만 하셨다.

"아직도 늦지 않았다."

IQ와 공부는 아무런 관련이 없다

1974년 일본 카시오(Casio)는 세계 두 번째로 전자시계를 개발했다. 바늘 없이 숫자가 표시되는 놀라운 시계였다. 구글에는 1972년 세이코의 0614—5000—AKA가 세계 최초의 전자손목시계로 소개되어 있다. 그러나 전자시계를 널리 보급시킨 회사는 카시오라 생각한다.

1977년 고1, 4월 어느 날, 수업을 마치고 집에 돌아간 나는 아버지의 책상 위에 새로운 시계 하나가 놓여있는 것을 보았다. 아버지는 결혼할 때 동그란 시티즌(CITIZEN)을 찼고, 거의 15년 만에 네모난 라도(RADO)로 바꾸었다. 시티즌은 매일 아침 태엽을 돌려 밥을 주었는데, 신제품 라도는 흔들기만 하면 저절로 태엽이 감겨졌다. 나는 아버지가 새 시계를 살 때가 되었다고 생각했다.

시계를 보는 순간 깜짝 놀랐다. 태어나서 처음 보는 전자시계였다. 반짝반짝 빛나는 스테인리스 줄에 동그란 문자판은 검은색이었다. 숫자가 선명하게 표기되어 있었고 아래에는 점이 있었는데 그 점이 계속 깜박였다. 한번 깜박임이 1초였다(구글을 뒤져보면 1974년에 발매된 전자시계는 <CASIOTRON>이다. 내가 찼던 시계는 그보다 업그레이드된 후속 모델로 추정되는데 사진을 찾지는 못했다).

저녁을 먹은 후 아버지는 나를 불렀다.

"내일부터 이 시계 차고 다녀라."

나는 깜짝 놀랐다. 남성고등학교에 아슬아슬하게 합격한 아들에게 주는 입학 선물치고는 너무 과분했다. 그 시절 고입시는 학과 점수 180점, 체력장 20점을 합쳐 200점 만점이었다. 나는 170점 안팎을 맞은 것으로 추정된다. 그러나 합격은 했기에 그나마 안도할 수 있었다.

카시오 시계를 받고 너무 놀라 '고맙습니다' 인사조차 잊었다. 다음날 나는 학교의 주인공이 되었다. 남성고 전교생 1,900여 명과 선생님, 교직원 200여 명을 모두 포함해 전자시계를 찬 사람은 내가 유일했다. 아이들은 시계를 돌려보느라 바빴고, 선생님들 중에 몇 분은 내 자리까지 와서 시계를 이리저리 살펴보았다. 궁금증 많은 아이는 이리역 앞 시계방에 가서 얼마인지 확인하고 나에게 알려주는 수고를 아끼지 않았다.

"4만 원이란다."

불과 3년 전 <가정 현황 조사서>에 아버지의 월급을 5만 원으로 적어냈던 나는 또 한번 놀라지 않을 수 없었다. 담임인 이재봉 선생님은

"아버지께 고마워해라. 이 시계를 쳐다보면 수학적 두뇌가 개발된다고 하니 잘 활용해라."

라고 일러주었다. 나는 피식, 웃음이 나왔다. 전자시계 자판을 쳐다본다고 수학적 두뇌가 개발된다면 이 땅의 학생 그 누가 전자시계를 차지

않는단 말인가? 옛날 어머니들이 딸에게
"남자에게 손만 잡혀도 임신된다."
고 엄포를 놓았건 것과 다름없었다. 이재봉 선생님은 아버지보다 10살 정도 어렸다. 나는 매일 아침 그 선생님 집으로 자전거를 타고 가서 1시간 정도 수학 과외를 받았다. 덕분에 수학 성적이 꾸준히 올라 매주 월요일 아침에 치르는 주초고사에서 60점까지 맞아 아이들을 놀라게 했다. 월말고사에는 151등까지 올라 아버지가 약간 안도하기도 했다.

그럼에도 나는 부끄러운 아들이었다. 그해에는 유난히 선생님 아들들이 대거 입학한 해였다. 모두 12명이나 되었는데 10명이 1~30등 안에 들었다. 특히 부동의 1위는 생물 선생님의 아들이자 나의 국민학교 동창이었다. 공부를 지지리 못하는 2명 중 1명이 나였고, 또 1명은 영어 선생님의 아들이었는데 그는 아예 입시에서 낙방했다가 4월에 전학을 왔다. 그러한 현상은 아버지를 항상 어둡게 했다.

한 가지 위안이 되는 것은 고1 때의 IQ검사에서 132가 나왔다는 사실이었다. 반 1등이었다(전체 1등은 몇 점인지 선생님은 알려주지 않았다). 그날 이후 선생님들은 내 머리에 꿀밤을 먹이며
"이 녀석아~ 머리는 좋은 놈이 왜 공부를 안 하니!"
나무라는 것이 일상이었다.

어른들은 직장을 다니건, 사업을 하건 일상에서 여러 이야기를 나눈다. 정치, 경제, 사회, 문화 등등. 그런데 선생님들은 오로지 한 가지 이야기만 한다. 누구는 공부를 이렇게 해서 서울대에 갔고, 누구는 공부를 못해서 저렇게 되었고... 그들은 학교 성적으로 모든 것을 판단한다. 아버지 역시 마찬가지였다. 공부 못하는 아들 때문에 중심에서 밀려나고 있었다.

공부를 하지 않는 학생에게
"너 그렇게 공부를 안 하면 나중에 어떻게 하려고 그러냐!"
꾸지람을 할 수 없었다. 혹여 건방진 학생이
"그러는 선생님 아들은 공부 잘합니까?"
라고 반박하면 대답할 수 없었다. 그러거나 말거나 나는 놀기 바빴고, 틈만 나면 '소설 나부랭이'를 읽었다.

고3 담임선생님은 3월 2일에 나를 교무실로 불렀다.
"어디를 목표로 하니?"
나는 목표 같은 것은 없었다. 그나마 전북대학교라도 가기를 바랐다. 어쩌면 불가능할 것이라 생각했다. 담임선생님을 비롯해 국어, 영어, 수학 선생님들은 나에게 많은 주의를 기울였다(그 선생님들에게 1/10도 보답하지 못한 것을 정말 부끄럽게 여긴다). 예비고사가 얼마 남지 않은 시점에도 김승옥을 비롯해 여러 소설과 에세이들을 읽었다.

● <都市 도시의 사냥꾼>, 上·下 최인호, 藝文館(예문관), 1977년
● <구르는 돌>, 최인호, 藝文館, 1975년

  * 70~80년대에 최인호의 책은 예문관에서 많이 간행되었다. 지금 이 출판사는 존재하지 않는 것으로 추정된다.

● <꼴찌에게 보내는 갈채>, 박완서, 평민사, 1977년

  * 이 책을 학교로 가지고 갔을 때 많은 아이들이 서로 먼저 보려 했다.

● <恨 한>, 천경자, 샘터사, 1977년

* 아버지가 이 책을 사오셨을 때, 아버지―큰누나―작은누나가 다 읽고 난 후에야 내 차례가 되었다. 소설가나 시인, 학자들만이 글을 잘 쓴다는 나쁜 고정관념을 가지고 있었던 나는 이 수필집을 읽고 대단한 충격에 빠졌다. 또 본문에 그려진 흑백삽화들도 시골 고등학생에게 놀라움 그 자체였다. 정말 아쉽게도 이 책은 분실되었는데 너무 많은 사람이 빌려가 그 종착지를 알지 못했기 때문이었다. 훗날 인터넷에서 책의 안쪽 표지에 실린 "前生(전생)은 皇后(황후), 現生(현생)은 가난뱅이 畵家(화가)"라는 문구를 발견하고 가슴이 무척 아팠다.

● <책상은 책상이다>, 페터 빅셀, 文章社(문장사), 1978년
● <四月 4월의 끝> 한수산, 民音社(민음사), 1978년
● <히포크라테스 胸像 흉상>, 신상웅, 三省出版社(삼성출판사), 1972년

그때 2명의 신인 작가가 등장했다. 나는 두 작가가 1980년대의 한국 문학을 이끌어갈 것이라고 (열심히 공부하는 친구들에게) 예언했다.

● <사람의 아들>, 李文烈(이문열), 民音社(민음사), 1979년
● <만다라>(曼陀羅), 金聖東(김성동), 韓國文學社(한국문학사), 1979년

친구들은 나의 예언에 아무도 귀 기울이지 않았고, 1979년 11월 6일 화요일에 치러진 예비고사에서 223점을 맞았다. 예상보다 높은 점수였다. 총점 320점 중에서 서울대 법대는 312점, 고려대 법대는 295점, 연세대 경영대는 291점 이상을 맞아야 했다. 담임선생님은 어쩔 수 없이 W대학교 공과대학 원서를 써주었다. 아버지가 그렇게나 우려한 종말이 결국

현실화된 것이다. 아버지는 내가 재수하기를 바랐으나 나는 재수를 한다 한들 그 이상의 성적이 나오지 못하리라는 것을 잘 알고 있었다. 국/영/수 본고사를 치르고 1980년 3월 2일 나는 W대학교 공과대학 신입생이 되었다. 아버지와 나 모두 부질없는 마라톤을 일단 끝냈다.

1988년 3월 14일 나는 아버지의 힘으로 서울의 유명 회사에 취직했다. 회사 생활을 시작하면서부터 사회생활과 학력(學力과 學歷 모두)은 그다지 큰 관계가 없다는 것을 알았다(그렇다 하여 "좋은 대학을 나온 사람이 그렇지 않은 사람보다 잘 산다"는 보편적인 사실을 부정하는 것은 아니다). 일류대학을 나왔어도 빈한하게 사는 사람을 무수히 보았고(그들은 '시대를 잘못 만나서'라고 말했다), 고등학교 졸업장만으로도 임원이 된 사람을 많이 보았으며, 심지어 중학교만 졸업하고도 직장생활을 아주 잘하는 사람들도 많이 만났다.

사람이 살아가는 길에는 여러 방법이 있다. 일류대학 졸업장이 성공과 행복의 보증수표는 아니다. 아버지는 학교라는 울타리에 갇혀 그 사실을 몰랐다. '성공 = 일류대학 졸업장'이어야 한다는 고지식한 등식만 철저히 믿었던 것이다.

결혼은 여러 사람에게 독이 될 수 있다

공부 잘했던 큰누나는 어떻게 되었을까?

그녀가 고3이었을 때 나는 중2였다. 누나의 대학입학 시험에 대해서는 눈곱만큼도 관심 없는 철부지였다. 누나의 예비고사 성적은 아주 나빴던 것으로 추정된다. 아버지의 낙담 속에 전북대 국문과를 지원했으나 떨어졌고, 후기로 한양대에 응시했으나 역시나 낙방했다는 것만 기억한다. 부모와 떨어져 살면서 공부를 등한시했던 것으로 보인다. 내 주변 친구들만 보아도 이는 여실히 입증되었다. 부모와 떨어져 자취나 하숙을 했던 아이들 중에 좋은 결과를 낸 아이는 드물었다. 서울대를 바라보았던 아버지의 실망은 이만저만이 아니었다. 사람들이

"큰따님은 어디에 들어갔나요?"

물을 때마다 허허로운 표정을 지을 수밖에 없었다. 큰누나는 이리 EMI학원에서 재수를 시작했으나 예비고사 성적은 역시 신통치 않았다.

결국 1977년 W대학에 들어갔다(W대학은 1976년까지 후기였으나 1977년에 전기로 바뀌었다). 내가 남성고에 들어갔던 해였다.

* 2021년 현재 전국 각지에 EMI학원이 있다. 내가 중학교를 다니던 1970년대 중반에 이리 EMI학원은 이리에서 가장 큰 종합반/단과반 학원이었다. 그래서 EMI학원을 다니던 대입 재수생들은 자조적으로 "E대에 다닌다"고 말하곤 했다. 나는 EMI가 무슨 뜻인지 무척 궁금했다. 누군가 English, Mathematics의 약자라고 알려주었으나 마지막 'I'의 약자는 무엇인지 알지 못했다. 지금도 나는 'I'의 약자가 무엇인지 궁금하다.

큰집에 가자 큰어머니가 말했다.
"딸은 아빠 대학을 물려받았고, 아들은 아빠 고등학교를 물려받았구나."
시골 사람들은 여자가 대학에 들어간 것을 큰일로 여겼으나 먼 친척 한 명은 내 앞에서 이렇게 중얼거렸다.
"죽 쒀서 개 줬네."
가장 솔직한 평가였다. 어린 내가 생각해도 큰누나의 대학 입학은 실망스런 결과였으니 아버지는 얼마나 낙담하셨을까!
작은누나는 큰누나가 졸업한 후 혼자 전주에서 자취하다가 2학년 때 이리여고로 전학 와 집에서 다니게 되었다. 그럭저럭 공부를 해서 1978년 서울 K대에 들어갔다. 마침 엄마의 먼 친척 한 분이 휘경동에 살고 있어 그곳에 하숙을 정하고 서울로 올라갔다. 아버지 형편에 딸을 서울에서 하숙시키기는 엄청난 무리였다. 그러나 부엌 딸린 조그만 자취방을 전세로 얻을 돈은 더더구나 없었다. 그 후 이리여고를 졸업한 여동생은 서울 D대에 들어갔고, 막내 여동생은 재수해서 서울 Y대에 들어갔다.

5명의 자식 중에서 3명은 서울로 갔고, 큰누나와 나만 고향에 남았다. 아버지는 가장 중요한 첫딸과 외아들이 서울로 가지 못한 것에 대해 언제나 한탄했다.

지금 생각해보면, 아버지와 엄마는 5명의 자식을 모두 사립대(그중 셋은 서울)를 졸업시키느라 단 한순간도 쉬지 못했다. 1명이 졸업하면 1명이 입학하고, 또 1명이 졸업하면 또 1명이 입학하는 고난의 톱니바퀴였다. 첫딸이 대학에 들어간 1977년부터 막내가 졸업한 1989년까지 12년 만에야 아버지 엄마의 중노동은 겨우 끝을 맺었다. 그러나 두 분의 인생도 사실상 끝난 상태였다.

큰누나는 남자친구가 있었다. 재수 시절에 만난 미술학도였다. 부산이 고향인 그의 아버지는 외항선 기관장이었다. 상당히 잘 사는 집이었던 것으로 추정된다. 간혹 큰누나는 진귀한 물건을 가지고 왔다. 남자친구가 주는 물건들이었다. 포켓식으로 접는 네모난 미제 탁상시계, 멋진 조각이 새겨진 이탈리아제 메모함과 연필꽂이, 워터맨 볼펜 세트… 1970년대 후반이라 하여도 지방 소도시에서 그러한 물건들을 구경하기는 어려웠다 (그런 의미에서 남자는 모두 소갈머리 없는 존재이다).

최영진은 잘 생겼고, 너그러웠으며, 키도 컸다. 또 기타를 잘 쳤으며 미술학도인 만큼 그림도 잘 그렸다. 그는 아버지와 엄마가 없는 틈을 이용해 집에 놀러와 우리들과 놀다가곤 했다. 우리는 그를 '최씨'라 불렀다. 내가 고2 때 최씨는 배산(杯山) 입구에 화실을 차렸다. 누나를 따라 나는 자주 그 '고운화실'에 놀러갔다. 사실 나는 그림을 그리고 싶은 욕망이 있었으나 단 한번도 누구에게도 그 욕망을 말한 적이 없었다. 비웃음을 살

것이 빤하기 때문이었다. 또 아버지는 미술이나 음악, 체육을 좋아하지 않았다. 그때만 해도 고지식한 어른들은 화가를 '환쟁이'라 불렀고, 음악가를 '딴따라'라 낮춰 불렀다.

한번은 여름방학 때 누나와 함께 화실에 갔다. 줄리앙, 비너스, 카파비너스, 아리아스, 다비드, 아그리파 등의 흰 석고상이 즐비하고, 이젤들이 세워져 있고, 석유냄새와 유화물감 냄새가 풍기는 그곳은 정말 낭만적이었다. 최씨는 누나가 들고 있는 책을 보며 말했다.

"요즘 그 책 안 읽으면 간첩 취급 받더라."

그때 누나는 두 권의 책을 들고 있었다.

- <난장이가 쏘아올린 작은 공>, 조세희, 文學과知性社(문학과지성사), 1978년
- <第1回 李箱文學賞 受賞作品集 제1회 이상문학상 수상작품집>, 김승옥 外(외), 文學思想社(문학사상사), 1977년

* 이상문학상은 처음에 책 제목이 제1회, 제2회, 제3회~ 식이었다. 나는 고1 때 1회 본상 수상작인 김승옥의 <서울의 달빛 0章 장>을 읽고 몹시 충격을 받았다. 책 표지에 실려 있었던 '이 상의 권위와 공정성을 독자에게 묻는다'라는 글귀를 지금도 기억한다. 군에서 제대한 후 이 책이 없어졌다는 것을 알고 매우 안타까워했는데, 지금도 그러하다.

<난장이가 쏘아올린 작은 공>은 당대의 문제작이자 베스트셀러였다. 박정희가 살아있던 시절에 그러한 소설을 쓸 수 있는 작가가 있고, 그러한 책을 낼 수 있는 출판사가 있다는 사실이 놀랍기만 했다. 최씨는 책을 휘리릭 넘겼다.

"책만 보면 머리가 아파."

나는 <내 그물로 오는 가시고기>를 감명 깊게 읽었었다. 그가 책에는 관심 없다는 사실에 약간 실망했으나 서랍을 뒤져 옥으로 만든 도장을 건네주자 '화가는 그림을 잘 그리면 돼지'라고 생각을 고쳐먹었다. 옥도장에는 용 한 마리가 조각되어 있었고 아랫면은 평평했다.

"여기다 니 이름 새겨라."

다음 해 여름, 최씨는 군대에 갔다. 큰누나는 "친구 혜숙이와 바다에 간다"고 말하고 2박 3일 여행을 떠났다. 최씨는 전라남도 진도에 배속받았다. 열흘에 한 번씩 편지를 보내왔는데 간혹 손바닥 크기의 스케치북이 들어있었다. 누나는 그 스케치북을 나에게 주었다. 군생활을 하면서 틈틈이 연필로 그린 데생이었다. 군화, 소총, 진도 바다, 소나무, 무전기... 등이 세밀하게 그려져 있었다.

이듬해에도 편지와 그림은 계속 왔으나 누나는 한번도 면회를 가지 않았다. 최씨가 휴가를 나왔을 때 누나를 만났는지, 안 만났는지는 알 수 없다. 어쩌면 만났을 것이다. 아니 어쩌면 만나지 않았을 것이다. 내가 대학에 들어간 1980년 겨울, 최씨가 군대에 간 지 2년이 되었을 때 누나는 졸업반이 되었고, 갑자기 결혼을 하겠다고 했다.

상대 남자는 도자기공예과 4학년 홍정훈이었다. 누나보다 6살쯤 더 많았다. 나는 기절초풍할 것 같았다. 나뿐만 아니라 작은누나, 여동생들도 마찬가지였다. 누나의 친구들은 100이면 100 만류하느라 바빴다. 그녀들은 최씨를 잘 알았고, 성품도 잘 알고 있었다. 또 홍정훈도 잘 알고 있었다.

군대에 간 남자를 기다려야 한다는 어설픈 정조 관념 때문이 아니었다. 홍정훈은 첫눈에 진실성이 없어 보였다. 순진한 나는 누나에게 따져 물었다.

"최씨가 곧 제대하는데 왜 그래?"

누나는 대답하지 않았다. 아버지 엄마는 최씨의 존재를 알지 못했으나 홍정훈과의 결혼만은 반대였다. 엄마 친구들이 찾아와 홍정훈이 어떤 집안의 사내인지 여러 차례 일러주었다. 두 다리만 건너도 한 사람의 이력과 됨됨이를 낱낱이 알 수 있는 좁은 도시였다. 옛날 하숙생 형들 중에는 나를 만나 혀를 끌끌 찼다.

"개탄스러운 일이다."

그때 엄마가 보여준 절망의 몸부림은 차마 글로 표현하지 못한다. 엄마는 거의 발광하다시피 했는데 그 모습을 본 사람은 나와 큰누나밖에 없었다. 나는 엄마를 그다지 좋아하지 않았으나 한 인간을 그렇게 나락으로 떨어뜨린 또 다른 인간은 언젠가는 벌을 받을 것이라 생각했다.

그런 어느 날, 저녁을 먹다가 아버지가 불쑥 말했다.

"이사를 가야겠어."

밥상에 둘러앉은 사람은 아버지와 엄마, 나 셋뿐이었다. 나는 깜짝 놀랐다. 갑자기 이사라니? 엄마가 어리둥절한 표정으로 물었다.

"이사라니요?"

"창피해서 살 수가 없어. 우리를 아무도 알지 못하는 곳으로... 이사를 가는 게 나을 것 같아."

"이사 간다고 해결되남요?"

"해결되든 안 되든, 강원도나 경상도 산골로 가면."

"가면?"

"가서 슈퍼마켓을 하든...."

엄마는 수저를 내려놓았다. 나는 김치 한 가닥을 입에 넣고 질경질경 씹었다. 아버지는 수저를 놓지도, 계속 먹지도 않았다. 길고 분한 한숨이 흘러나왔다.

"너무 창피스러워."

그러나 부모는 자식을 이기지 못했다. 누나는 대학 졸업 후 중학교 국어교사가 되었으나 1학기를 근무하고 사표를 냈다. 임신했기 때문이었다. 1981년 가을, 임신한 채 결혼식을 올렸다. 25살(어쩌면 26살)이었다. 부모와 가족, 친구들의 극한 반대를 물리치고 결혼한 여자가 과연 행복할 수 있을까, 의문이 들었다. 나는 결혼식장에 가지 않았으며 그런 나를 나무라는 사람은 아무도 없었다. 훗날 누나의 결혼식 사진을 보았을 때 가장 먼저 본 것은 아버지의 눈이었다. 그 눈에 담긴 회한과 서글픔을 지금도 잊지 못한다. 그리고 최씨의 소식은 그 후 영영 듣지 못했다.

누나는 신동에 방 한 칸짜리 살림집을 차렸다. 학교에서 4시쯤 돌아온 어느 날, 여고에 다니는 막내 여동생이 내게 말했다.

"나랑 갈 데가 있어."

"어디?"

"쿤나네 집."

나는 얼굴을 찌푸렸다.

"안 간다."

"형부가 오빠 데려오라 했어. 오빠 마음은 알겠지만 쿤나하고 평생 안 보고 살 거야?"

그럴 자신은 없었다. 나는 큰누나가 무척 보고 싶었다. 세상 사람 그 누구보다 나에게 잘 해준 사람은 큰누나였다. 가족들과 친지들을 몽땅 털어 내가 가장 좋아한 사람도 큰누나였다. 나는 여동생을 따라 큰누나네 신혼방에 가서 넷이 둥그렇게 앉아 저녁을 먹었다. 몇 달 후 누나는 딸을 낳았다. 아주 예쁘고 귀여운 아기였다. 누나는 효민이라 이름 붙였다. 나는 군대를 가기 위해 휴학계를 내고 집에서 주구장창 책을 읽었다. 기억나는 몇 권을 뽑아본다.

- <아무도 미워하지 않는 자의 죽음>, 잉게 숄, 청사, 1979년
- <제8요일>, 마레크 플라스코, 평민사, 1978년
- <糞禮記 분례기>, 방영웅, 三省出版社, 1973년
- <어둠의 자식들>, 황석영, 현암사, 1980년
- <서부전선 이상없다>, M. 레마르크, 동화출판공사 세계의문학대전집 28, 1976년

문예지는 중앙일보사에서 발행하는 계간 <文藝中央 문예중앙>과 <문학사상>을 주로 읽었다. <창작과 비평>, <문학과 지성>은 1980년 7월 국가보위비상대책위원회(상임위원장 전두환) 결정으로 강제 폐간되면서 가을호부터는 더 이상 읽지 못했다. <창작과 비평>이 폐간되기 전인 1979년 겨울호(54호)에 실렸던 조해일의 소설 <자동차와 사람이 싸우면 누가 이기나>를 재미있게 읽었던 기억이 난다. 과연 누가 이길지 궁금하다면 한번 읽어보기 바란다.

어느 날 아침밥을 먹으면서 아버지가 말했다.
"내일 큰누나가 이사 오니까, 니 친구들 좀 불러서 이삿짐을 날라줘라."

느닷없는 말에 나는 의아했다. 누나가 어디로 이사를 간단 말인가? 그런데 왜 '이사를 온다'는 표현을 쏜단 말인가? 그때 우리 집은 대부분의 시골집들이 그러하듯 마당 옆에 부엌이 딸린 방 하나짜리 작은 별채가 있었다. 그 집에서 전세를 살던 부부가 며칠 전 갑자기 이사를 갔다. 그곳으로 누나가 이사를 온다는 것이었다. 즉 누나 부부는 처가살이를 하기로 결정한 것이었다. 누나의 신혼방은 아버지가 얻어준 것인데 그 전세금을 빼내 홍정훈은 사업을 하기로 했다는 것이었다.

나는 결혼 후 1988년 4월에 서울 이문동에 한 칸짜리 전세방을 500만 원에 얻었다. 1981년에 익산에서 전세금은 아무리 높게 잡아도 200만 원쯤 했을 것이다. 그 돈으로 사업을 한다는 것이 이해되지 않았다. 더 이해할 수 없는 것은 딸의 처가살이를 받아들인 아버지의 결정이었다. 그러나 내가 할 수 있는 것은 아무것도 없었다. 나는 고등학교 입학 이후 사실상 무의미한 존재였다.

다음날 누나는 소소한 살림을 끌고 집으로 들어왔다. 나는 속이 부글부글 끓어올랐으나 잠자코 이삿짐을 날랐다. 아버지는 벌써 세 번째 실수를 하고 있는 것이었다. 첫째는, 누나를 전주의 학교로 진학시킨 것이었고, 두 번째는 홍정훈과 결혼시킨 것이었으며, 세 번째는 딸을 본집으로 받아들인 것이었다. 훗날 할머니는 이렇게 말했다.

"겉보리가 서 말만 있어도 처가살이를 안 한다 했는디."

그리고 나는 군에 입대했다.

* 여담으로, 군복무할 때는 거의 책을 읽지 않았다. 부내 내에는 진중문고(陣中文庫)가 있었는데 마음에 드는 책은 하나도 없었다. 휴가에서 복

귀한 병사들이 간혹 책을 가지고 오는 경우도 있었다. 귀대하는 기차나 버스 속에서 읽기 위해 기차역 혹은 터미널에서 산 책들이 대부분이었다. 이른바 '터미널 문학'으로 분류되는 싸구려 소설들이었다. 흥미가 당기기는 했지만 읽지는 않았다.

* 1982년(혹은 83년) 어느 날 사단 정훈실에서 중위 1명과 하사관 1명이 부대로 점검을 나왔다. 그들은 부대 휴게실에 꽂혀 있는 책들을 전부 검열했다. 그리고 '금서목록'을 벽에 붙이고는 "이 목록에 게시되어 있는 책을 읽거나 소유해서는 안 된다"고 엄포를 놓았다. 내 사물함 안쪽에는 양성우 시인의 <북치는 앉은뱅이>(창비시선 23, 1980년)가 있었다. 나는 이 책이 검열에 걸릴까봐 전전긍긍했으나 다행히 무사통과되었다. 28년이 지난 2010년 양성우 시인을 만나 이 이야기를 하면서 둘이 하하, 웃었다.

* 이름은 정확히 기억나지 않는데 '진중문예상'이라는 것이 있었다. 육해공 전군을 대상으로 문학작품을 모집해 상을 주는 행사였다. 이 작품집이 부대에 있어 우연히 들춰보았다. 상을 받은 시 한 편을 읽고 깜짝 놀랐다. 매우 뛰어난 시였는데 이근배(李根培)의 시 '북위선'(1964년 한국일보 신춘문예 당선작)을 표절한 것이었다.

나는 소설과 시를 읽으면서 표절 작품을 여럿 보았다. 다른 사람의 글을 1)대놓고 표절하든, 2)그럴듯하게 짜깁기하든, 3)교묘히 모방하든 언젠가는 반드시 들통 난다.

1988년 11월 15일에야 누나 부부와 조카 효민이는 처가살이를 마감하고 새 둥지를 찾아 떠났다. 햇수로 8년만이었다. 나는 내가 결혼을 함으로써 이제야 누나 부부를 내보내게 되었다고 안도했다. 만약 내가 2000년에 결혼했다면 누나 부부는 그때까지 눌러 살았을 것이다. 그러나 아버지는 아들이 결혼을 함으로써 첫딸이 집을 나가게 되었다고 몹시 서운해 했을지도 모른다.

10년과 1년

"외상값 좀 갚으세요."

집 앞 '첫째 점빵' 여주인이 찾아와 엄마에게 말했다. 그 여주인은 나의 중학교 동창 김정준의 어머니였다.

"무슨 외상값요? 그 가게에서 외상으로 물건을 산 적이 없는데."

"댁의 사위가 우리 가게에서 가져간 술하고, 과자하고...."

정준이 엄마는 장부를 내밀었다. 7월 1일부터 9월 30일까지 첫째 사위가 가져간 물품 목록이 삐뚤빼뚤한 글씨로 채워져 있었다. 소주, 맥주, 새우깡, 황도 통조림....

"곧 추석이라 우리도 돈이 필요해요."

81,600원이었다. 얼굴이 빨개진 엄마는 우선 5만 원을 주고 내일 나머지를 주겠다고 했다.

"안 되야요. 대목 쇨려면 우리도 물건을 띠어야 해요. 벌써 두 달이나 밀렸는데."

"누가 현금을 8만 원씩이나 가지고 있는데요?"

"앗따, 부잣집에서 왜 그러시유? 내가 뭐 생떼를 부리는 것도 아이고, 댁네 사위가 맨날 가져간 것인디.... 선생님 사모님이면 그래도 되유?"

엄마는 방에 들어가 8만 원을 꺼내왔다. 정준이 엄마는 덥석 받아 월남치마 호주머니에 넣었다. 돌아서 두 걸음 걷다가 몸을 돌려 히죽 웃으며 말했다.

"1,600원은 깎아 드릴게유."

다시 몸을 돌리자 엄마가 그 등에 소리쳤다.

"다시는 외상 주지 마세요."

내가 세상 태어나 처음 겪는 일이었다. 누구든 동네에서 혹은 사업을 하다가 부득이하게 외상을 질 수 있지만 아버지 엄마는 그렇게 하지 않았다. 또 아버지는 신용이 워낙 높아 큰돈도 어려움 없이 빌릴 수 있었다. 교사라는 직책도 방패막이 되었으나 약속한 날에 1원도 어김없이 갚았기 때문이었다. 정준이 엄마는 그 뒤로도 서너 달에 한번씩 찾아와 엄마에게 외상값을 받아갔다. 큰누나는 그런 일에 눈 한번 깜박이지 않았다.

1980년대 후반까지만 해도 대학 캠퍼스에는 월부 책장사들이 종횡무진으로 돌아다녔다. 잔디밭에 앉아 있으면 감청색 양복을 입은 그들은 가방에서 팸플릿을 꺼내 보여주었다. 주로 <세계문학전집>, <삼성판 세계사상전집>, <세계전기문학전집>, <창작과비평 영인본> 등이었다. 나는 그들에게서 <도스또옙스끼 전집>과 <아라비안나이트>를 샀다.

● <도스또옙스끼 전집>, 전8권, 정음사, 1977년

* 가장 재미있었던 작품은 <죄와 벌>이었다.

* 중학교 2학년이던 1975년에 동네 문방구에서 어느 날 갑자기 싸구려 소설들을 문 앞에 몽땅 쌓아놓고 1권당 50원에 팔기 시작했다. 삼남극장에서 2편 동시상영 관람료가 100원이던 시절이었다. 그 소설들은 누런 갱지에 세로로 인쇄되었고, 표지는 극히 조잡했다. 1940년대의 '육전소설'(六錢小說)을 떠올리면 된다. 나는 책들을 뒤적이다가 1권을 샀다. 러시아의 어떤 남자와 여자가 편지로 사랑을 주고받는 내용이었다. 그럭저럭 흥미로워 끝까지 다 읽었다. 훗날 그 소설이 도스토옙스키의 <가난한 사람들>(Bednye lyudi)이라는 것을 알고 대단히 놀랐다.

● <아라비언나이트>, 전4권, 정음사, 1972년

* 아쉽게도 1번을 분실해 세 권만 남아있다.
* 제목이 '언'으로 되어있다.

그 책값이 9만 원이었다. 매달 15일에 수금사원이 집으로 돈을 받으러 왔으며 나는 1만원씩 갚아 나갔다. 어느 날 수금사원이 왔을 때 아버지가 정원에서 일을 하고 계셨다.
"안녕하세요?"
"누구신가요?"
"수금사원입니다. 월부 책값을 받으러 왔습니다."
그 말이 끝나기도 전에 아버지는 갑자기 화를 냈다. 나이 어린 학생들을 꼬드겨 값비싸게 책을 판다는 호통이었다. 수금사원은 말 한마디 못하

고 줄행랑을 쳤다. 아버지는 나를 꾸짖었다.

"니가 돈을 버는 것도 아닌데... 할부로 물건을 사다니! 할부가 얼마나 무서운 줄 아냐! 그리고 학생이 공불해야지. 그딴 소설책 읽어서 뭐할려고!"

아버지는 국어 선생님이었으나 문학에 거부감을 갖고 있었다. 그것은 자신이 문학을 좋아했기에 인생이 망가졌다는 트라우마였다. "공업입국의 시대에 남자는 모름지기 엔지니어가 되어야 한다"는 신념이 강했다. 그래서 나는 아버지의 뜻에 따라 아무런 생각없이 공대에 진학한 것이었다. 아버지는 할부나 외상거래를 끔찍이 싫어했으나 사위는 대부분 외상이었고 그 돈을 갚는 사람은 엄마, 결과적으로는 아버지였다.

"여기에 싸인 하세요."

하루는 낯선 청년 둘이 집으로 찾아와 홍정훈과 마당에서 실랑이를 벌였다. 누나는 방 창문으로 그 모습을 보았고, 나는 거실에서, 아버지는 안방 창문에서 지켜보았다.

"왜 싸인을 해?"

"언제까지 돈을 갚겠다는 확약서에요. 그러니까 싸인하세요."

"이 사람들아. 돈 갚으면 되잖아! 뭔 확약서를 들고 와서 협박이야!"

나는 밖으로 나가 셋의 실랑이를 물끄러미 바라보았다. 셋은 하라, 못한다 다툼을 벌이다가 홍정훈이 집밖으로 냅다 도망치는 바람에 허무하게 끝났다. 청년 둘은 나를 힐끗 보고, 안방 창문에 서 있는 아버지를 힐끗 보고 대문 밖으로 나섰다.

"이 집도 끝장났군."

"그러게 말이야. 사위 하나 잘못 둬서 집안이 우세를 당하고... 패가망신하지 않기만 바랄 뿐이지. 그래야 돈을 받으니까."
"내일 학교로 찾아갈까보다."
그들이 말하는 학교는 아버지가 재직하는 남성고등학교였다.

그런 일은 종종 일어났다. 아버지는 홍정훈이 대학원을 가겠다고 하자 그 등록금 5학기 분을 대주었다. 막상 내가 대학원에 진학했을 때 아버지는 아들의 등록금을 대 줄 능력이 되지 못했다. 어쩔 수 없이 아버지는 내가 다니던 회사의 신OO 사장(아버지의 고등학교 절친)에게 형편을 이야기했다. 신 사장님은 쾌히 등록금을 대주었다. 이 자리를 빌어 고인이 되신 신 사장님(마지막 직급은 회장)께 깊은 감사를 표한다.
홍정훈은 일주일에 한번 학교를 간다고 서울에 갔다.
"익산 터미널에서 장충동까지 택시를 타고 가면 20만 원쯤 돼. 아주 편하게 가지."
그때 고속버스 요금이 5천 원이 안 되던 시절이었다. 88년 나의 첫 월급이 27만 원이었으니 한 달 월급을 한 번의 택시비로 쓰는 것이었다. 남편이 학교 가기 전날 큰누나는 엄마에게
"내일 홍 서방 학교 가야 하는데 차비가 없네."
그러면 엄마는 10만 원이든 20만 원이든 주었다. 내가 그런 요구를 했다면 아무런 응대도 하지 않았을 것이다. 엄마는 나에게 '돈이 없다'는 말조차 하지 않았다. 고3 때 2,000원이 긴급히 필요했다. 그날은 비가 내리는 일요일이었다. 엄마가 교회에 간 것을 알고 나는 교련복을 입고, 우산을 쓰고 교회 앞에서 기다렸다. 30분 후 교회 종이 울리고 사람들이 쏟아

져 나왔다. 저 멀리에서 엄마의 모습이 보였다. 나는 엄마에게 다가갔다. 엄마는 내가 오는 것을 분명히 보았으나 눈 한번 깜박이지 않았다. 마치 전봇대를 보는 것 같았다.

"엄마, 2000원만 줘."

엄마는 나를 스쳐 지나갔다. 나는 당황하지 않았다. 어쩌면 그럴 수도 있을 것이라 예측했기 때문이었다. 우산 위로 떨어지는 빗방울 소리를 들으며, 과연 엄마는 오늘 목사님의 어떤 설교를 들었을까? 추측하며 터덜터덜 독서실로 돌아갔다.

"원래 30만 원은 받아야 하는데 25만 원 주세요. 나머지는 제가 처리할게요."

둘째 외삼촌의 큰아들 병엽 형은 골동품 중개상을 했다. 그는 막내고모인 나의 엄마를 무척 좋아했으며, 고모부를 존경했다. 아버지는 그를 통해 골동품을 하나씩 모으기 시작했다. 대부분 조선시대 도자기와 연적, 생활용품, 고서적 등이었다. 흰 바탕에 파란색 꽃잎이 새겨진 도자기가 주를 이루었다. 분청사기 종류도 있었고, 조선 백자도 크기별로 여러 개였다. 아버지는 그 도자기들을 소중하게 보관했다. 한번은 여산 고향집에 가서 어렸을 때 할아버지가 사용한 것이라며 도시락을 가져왔다. 버드나무 가지로 만든 진귀한 도시락이었다. 훗날 TV에서 <쇼 진품명품>을 즐겨 보고, 서울 이촌동 국립중앙박물관을 20번 넘게 가보고, 인사동과 청계천을 수백 번 가보고, 유튜브 골동품 사이트를 수십 곳 보았으나 그처럼 멋지고 견고하고 세련된 버드나무 도시락을 본 적이 없다.

"네 할아버지가 나무하러 가실 때 여기에 밥과 김치를 싸가지고 갔지."

아버지는 그 도시락을 보며 추억에 잠겼다. 우리는 그 도시락을 장난감 삼아 놀곤 했다. 친구들이 집에 오면 옛 물건들을 보며

"나중에 박물관 하나 차려도 되겠다."

고 놀라워했다. 아버지는 그 골동품들을 모으는 데 거의 10년이 걸렸다. 어느 날 내가 집에 갔을 때 도자기들은 단 1점도 남아 있지 않았다. 아버지가 애지중지한 버드나무 도시락도 사라지고 없었다.

"다 어디 갔어요?"

대답하는 사람은 아무도 없었다. 홍정훈이 우리 집안에 끼친 악영향은 여러 가지였으나 가장 큰 해악은 그 골동품들의 반출이었다. 일제가 36년 동안 우리나라에 끼친 악영향은 대단히 많다. 그중 하나가 문화재의 밀반출이다. 지금 돌려받을 수 없듯이, 얼마나 많은 문화재들이 밀반출되었는지 파악조차 못하듯이, 아버지가 10여 년에 걸쳐 모았던 골동품들은 홍정훈의 한잔 술값으로 1년 만에 모두 사라졌다.

나는 큰누나에게 홍정훈의 잘못에 대해 말했다.

"알았어. 앞으로 안 그러면 되지."

하지만 누나는 그 말을 5년 넘게 앵무새처럼 되풀이하고 있었다. 나는 매형의 잘못을 엄마에게 지적했다.

"…… 니네 매형이 다급했으니까 그랬지. 나중에 되돌려 준다고 했어."

학교에서 돌아온 아버지는 마구 화를 냈다.

"아니, 지가 뭔데 이래라, 저래라야. 그게 지껏이라도 되는 줄 아는 모양이지."

화를 내는 대상은 사위가 아니라 아들이었다. 누나는 아버지에게 내가 했던 말을 전했고, 그 말을 듣자마자 아버지는 나에게 화를 냈다. 그 말이 옳았다. 도자기는 전부 아버지가 산 것이었다. 할아버지의 버드나무 도시락도 아버지의 것이었다. 그것을 어떻게 처리하는가는 아버지의 마음이었다. 사위에게 등록금으로 주는 돈도, 서울까지의 택시비도, 대신 갚아주는 외상값도, 사업 명목으로 가져가는 돈도, 사위가 친구들에게 사주는 술값도 전부 아버지의 돈이었다. 아들인 내가 이래라저래라 말할 권리가 없었다. 그날 이후 나는 입을 다물었고, 눈도 감았다.

현명하거나 미련하거나 잘못을 되풀이 한다

복학하고 3학년을 다니던 어느 가을 날, 큰집 사촌형 만경 형이 왔다. 그는 여산에서 젖소를 키우기도 했고, 트럭을 사서 운수업을 하는 등 여러 일을 했다. 나에게 변함없이 잘해주는 마음씨 순박한 청년이었다. 큰누나보다 2살 더 많았는데 시골 총각이라는 이유로 장가를 못가고 있었다. 만경 형은 내 방에서 이런저런 이야기를 나누다가 저녁을 먹고 갑자기 별채 누나 방으로 갔다. 그리고 그곳에서 나오지 않았다.

나는 처음에 그러려니 하다가 이상한 생각이 들어 안방으로 갔다. 큰누나는 효민이(4살)와 TV를 보고 있었다. 그러나 얼굴에는 짙은 어두움이 드리워져 있었다. 그 옆의 아버지와 엄마 모두 마찬가지였다. 나는 물었다.

"만경 형이 왜 누나 방에 있을까?"

"그러게 말이다. 네가 가서 말 좀 해라."

나는 누나 방에 가서 만경 형에게 말했다.

"형, 왜 여기 있어? 내 방으로 와."

형은 무심히 대답했다.

"너는 빠져 있어라."

곧 홍정훈이 왔다. 둘은 언성을 높이기 시작했다.

"그러니까 갚으라고!"

"알았어. 누가 안 갚는대? 그렇지만 지금 이 밤에 당장 돈을 구해올 수는 없잖아!"

"그것은 난 모르고.... 내 돈 당장 내놓으라고!"

10여 분 동안 지저분하고 두서없는 다툼을 벌이다가 홍정훈은 밖으로 나갔다(사실은 도망쳤다). 만경 형은 1시간을 더 누나 방에 머물다가 아버지에게

"소란을 피워 죄송합니다."

인사하고 여산으로 돌아갔다. 두 사람의 채무관계가 어떻게 되었는지는 알 수 없다.

며칠 후 편지 한 통이 왔다. 법원 인장이 찍혀 있는 등기우편물이었다. 나는 평생 처음으로 법원에서 보낸 우편물을 받고 호기심이 들었다. 수신자는 아버지였다. 조심스레 봉투를 열어보니 큰아버지가 보낸 고소장이었다. 아버지가 큰아버지의 논을 담보로 잡고 돈을 빌렸는데 원금과 이자를 갚지 않아 생활에 고통이 심하므로 그 돈을 갚으라는 고소장이었다. 2천만 원이었던 것으로 기억난다.

큰아버지는 평생 농사만 짓는 투박하고 순박한 농부였다. 동생을 자랑스러워하는 형이었다. 그러나 그는 가난했다. 앞에서 말했듯 가난은 '공포'이다. 불편함이 아니며 부끄러움도 아니다. 큰아버지는 동생의 청

을 거절하지 못하고 논을 담보로 돈을 빌려주었다. 그런데 아버지가 돈을 갚지 못하면서 공포에 휩싸인 것이었다. 궁금증이 들었다.

왜 아버지는 이 돈을 빌렸을까?

사업을 하기 위해 빌렸을까?

주식투자를 하기 위해 빌렸을까?

땅을 사기 위해 빌렸을까?

그 어느 것에도 해당되지 않았다. 나는 편지를 원래대로, 표시 나지 않게 붙인 후 아버지 책상 위에 올려놓았다.

어렸을 적 추석이나 구정(舊正) 날 큰집에 가면 저녁을 끝낸 동네 친척들과 어른들이 큰집으로 왔다. 할머니에게 인사를 하기 위한 것도 있지만 아버지를 보기 위해서였다. 어른들은 방 한가운데 등잔불 하나를 켜놓고 둥그렇게 둘러 앉아 이야기를 나누었다. TV도 없고, 신문도 없고, <선데이서울>이나 <新東亞>(신동아) 같은 잡지도 없는 깊은 산골이었다. <새농민>이 유일한 잡지였다. 그들은 아버지를 보고, 아버지와 이야기를 나누기 위해 밤늦게까지 돌아가지 않았다. 그들 중 대학을 나온 사람은 아버지가 유일했다(삼촌은 그때 재학중). 나는 윗방에서 사촌들과 놀다가 한쪽 구석에서 슬그머니 잠들곤 했다.

큰누나가 결혼을 한 이후로 그들은 아무도 오지 않았다. 더 이상 아버지를 보려 하지 않았으며, 아버지의 이야기를 들으려 하지 않았다. 나는 큰집 동네에 전기가 들어오고, TV가 들어온 덕분이라 생각했다.

큰아버지와 아버지 사이의 채무는 어떻게 되었는지 모른다. 그러나 법적 채무자가 아버지이므로 그 돈을 갚지 않을 수 없었을 것이다. 최종적으로 이익을 본 사람은 누구였을까?

다음 해 추석날, 차례를 지낸 후 할머니, 큰아버지, 큰어머니, 작은아버지, 작은어머니, 작은집 아저씨, 작은집 아주머니, 아버지, 엄마, 만경 형과 사촌동생들, 내가 큰집 마루와 토방, 마당 여기저기에 앉거나 서 있을 때 다툼이 시작되었다. 아버지가 만경 형에게 200만 원을 빌렸는데 아버지는

"작년 겨울에 주었다"는 주장이고

만경 형은

"받지 않았다"는 주장이었다.

큰어머니와 큰아버지는 만경 형 편을 들었고, 엄마는 아버지 편을 들었다. 두 사람은 '주었다, 받지 않았다'만 되풀이하다가 필연적으로 목소리가 높아졌다. 그런 광경은 우리 가문에서 처음이었다. 할머니가 눈물을 흘리면서 다툼은 해결 없이 끝났다. 그 후의 결과는 알지 못한다. 궁금한 것은, 왜 아버지는 농사를 짓는 큰조카에게 200만 원을 빌렸으며, 그 돈은 어디로 갔느냐는 것이었다. 또 하나, 근본적으로 궁금한 것은 이 다툼에 인품과 덕망이라는 것이 작동할 수 있느냐는 것이었다.

"나 작은아버지다."

"아! 잘 지내세요? 어쩐 일로?"

1993~4년 가을 어느 날, 작은아버지가 회사로 전화를 걸어왔다. 작은아버지는 한국00공사에 다니는 중견 공무원이었고, 집은 청주였다. 청주에서 작은어머니를 만나 결혼한 후 그곳에 터를 잡았다.

"내가 작년에 니 아버지 부탁으로 은행에 집을 담보로 잡혀 돈을 빌려주었다."

"… …"

"니 작은어머니는 이 사실을 모른다."

"… …"

"6개월 전부터 이자가 납입되지 않아서 월급 차압을 하겠다고…. 통보가 왔다."

"… …"

"작은어머니가 이 사실을 알면, 그렇지 않아도 혈압이 높아 고생인데... 아마 쓰러져서 못 일어날 것이다."

"… …"

"니 아버지가 나를 여산에서 데려다가 고등학교, 대학교 가르쳐준 것은 정말 고맙게 생각한다. 하지만 나는, 너도 아다시피 그 돈은 어느 정도 갚았다고 생각한다."

삼촌은 대학을 졸업한 뒤 교사로 오라는 제안을 받았으나 아버지의 반대로 거절했다. 5급공무원(지금의 9급)에 합격해 공무원 생활을 1년 정도 하다가 더 공부해서 한국00공사로 자리를 옮겼다. 우직하게 공부하는 성격이어서 2~3년에 한 번씩 국가기술자격증을 땄다. 자격증이 등기로 오면 아버지는 매우 흡족해 하셨다. 공무원이 되어 월급을 받자 엄마는 "큰돈으로 불려주겠다"며 계를 들어주었다. 7~8년 지나자 돈은 제법 불어났다. 그리고 소란이 벌어졌다. 나는 어렸지만 그 돈은 삼촌 것이라고 참견했다.

"너는 공부나 잘해. 어른들 일에 끼어들지 말고!"

돈의 행방이 어떻게 되었는지 나는 알지 못한다. 지금 작은아버지가 '어느 정도 갚았다고 생각한다'는 말로 미뤄보면 엄마가 가져간 것으로 추정된다.

"내가 공무원 생활을 20년 넘게 하고 있는데, 은행에서 월급 차압이 들어온다고 생각해봐라. 내가 어떻게 되겠니? 그리고 우리 집이 어떻게 되겠니?"

"... ..."

"나는, 너도 아다시피, 네 아버지가 어렵다. 나이 차이도 많이 나고, 니 아버지에 비해 모든 것이 부족하고... 그래서 내가 거절을 못했고, 그 돈을 갚으라고 요구하지도 못한다. 그러니 니가 전화해서 빨리 해결하라고 말 좀 해줘라."

핸드폰이 없던 시절이었다. 회사에서 그런 전화를 할 수 없기에 밖으로 나가 공중전화로 아버지의 학교로 전화했다.

"지금 수업 들어가셨습니다."

슈퍼 앞 파라솔 벤치에 앉아 담배만 뻐끔뻐끔 피우다가 30분 후 다시 전화했다. 다행히 아버지가 연결되었다. 나는 띄엄띄엄 그러나 간단하게 ―울분을 가라앉히며― 말했다.

"... 그래서 빨리 해결을 바란답니다."

"너는 신경 쓰지 말고, 회사 일에나 충실해라."

나는 전화를 끊고 무엇이 '충실'인지 곰곰 생각했다. 내가 울분을 참지 못했던 또 하나의 사실은 피해자 모두 가난한 사람들(혹은 평범한 서민)이었다는 점이다. 아버지는 왜 공무원 동생의 집까지 담보를 잡혀 돈을 빌렸을까? 궁금증은 계속 이어졌다. 사람들은 왜 아버지에게 돈을 빌려줄까? 그 돈의 마지막 도착지가 어디인지 번연히 알면서도 왜 어리석은 행동을 똑같이 되풀이하는 것일까?

작은누나는 서울 K대를 졸업한 뒤 곧바로 집으로 내려왔다. 당장 직장을 잡지 못하자 우선 고향으로 내려온 것이었다. 그때 나는 복학생 3학년이었는데 여전히 놀기 바빠서 작은누나가 집으로 오건 말건 신경 쓰지 않았다. 지금 생각해보면 작은누나의 하향은 일생일대의 실수였다. 서울에 계속 있었다면 서울에서 직장생활을 했을 것이고, 서울에서 결혼을 했을 것이었다.

다행인지 불행인지 김제의 여중에 교사로 들어갔다. 상반기, 추석, 하반기 그리고 설 상여금을 받으면 나에게 용돈 3만원을 주었다. 나는 그날을 늘 기다렸고 4학년 졸업 때까지 8번 용돈을 받았다.

누나는 미지근한 찬성 속에서 같은 학교의 수학 선생님과 결혼했다. 만약 ―예측은 금물이지만― 누나가 서울에서 직장을 잡고 계속 생활했다면 상당히 결혼을 잘했을 것이다. 나는 작은 매형을 '수학선생'이라 불렀다. 그는 아버지를 무척 존경했다. 클래식 음악에 조예가 깊어 집과 차에는 클래식 음반이 넘쳐났다. 성격도 활달했으며, 처가 식구들에게 무척 잘했다. 나와 아내, 딸, 여동생들이 서울에서 내려오면 몽땅 차에 싣고 맛있는 음식점을 찾아가 푸짐하게 사주고는 했다. 그리고 술을 잘 마셨고 좋아했다.

딸과 아들을 낳고 첫 딸이 초등학교 2~3학년 쯤 되었을 때 큰 교통사고를 당했다. 후배가 운전하는 차를 타고 오다가 길에 세워진 트럭을 들이받은 것이었다. 술을 마시지 않은 후배 운전자는 멀쩡했으나 술을 마시고 조수석에 앉았던 매형은 반신불구가 되어 평생 휠체어에 의지하는 신세가 되었다. 2년 후 쯤 누나는 이혼했고 아이들은 매형이 키웠다.

(나는 아이들을 작은누나가 키운 것으로 알고 있었으나 아버지 장례식에서 조카 승필이를 통해 매형이 키웠다는 사실을 처음으로 알았다. 이래저래 아버지의 장례식은 나에게 여러 사실을 알게 해준 고마운 행사였다.)

"오늘 너 은행에 가서 이것 좀 처리하고 와라."

작은누나가 결혼하기 몇 년 전, 내가 대학 4학년일 때 나에게 통장과 도장, 주민등록증을 주었다.

"여기 천만 원 있는데 이것을 찾아서 이 은행으로 옮겨."

누나는 만기가 된 적금을 집 앞에 있는 투자신탁은행으로 옮기려 했다. 낮에 시간을 낼 수 없어 나에게 부탁한 것이었다. 나 같으면 월급을 전부 써버렸을 텐데! 2시쯤 은행에 가서 일을 처리하려 하자 그들은 거절했다.

"본인이 와야 합니다."

"제가 친동생인데 신분증하고 도장하고 다 가져왔어요."

"... 여하튼 안 됩니다."

나는 저녁에 퇴근한 누나에게 은행 직원의 말을 전하고 통장과 도장, 신분증을 돌려주었다. 큰누나와 홍정훈이 처가살이를 하던 때였다. 3년 후 직장인이 된 나는 여름휴가를 맞아 아내, 딸과 함께 집으로 내려갔다. 작은누나도 아이 둘을 데리고 왔다. 아이들 셋은 정원에서 노느라 바빴다. 집에는 아버지와 엄마 둘이 살던 시절이었다. 점심을 먹고 갑자기 작은누나가 진지하게 말했다.

"큰나가 내 돈을 빌려간 지 벌써 2년이 되었는데 아직도 답이 없어."

아버지는 흠칫, 했고, 엄마는 고개를 돌렸다. 아버지는 돈을 빌려간 사실에 놀란 것이 아니라 참을성 많은 둘째 딸이 그러한 말을 했다는 것에 놀랐다.

"내가 결혼하기 전에 알뜰살뜰 모은 돈을, 형부가 좋은 사업 아이템 있다고, 세 달 후에 돌려준다고 했는데 벌써 2년이 지났어."

아무도 아무런 말을 하지 않았다.

"승필이 아빠는 이 일을 모르는데... 이제 엄마 아빠도 더 이상 모른 체 하지 않아야 된다고 생각해."

나는 갑자기 화가 치밀어 나도 모르게 큰소리로 외쳤다.

"도대체, 이런 일이 왜 일어나야 해요? 만경 형, 큰아버지, 작은아버지, 친척들에게 창피해서 고개도 못들고...이게 무슨 집안망신..."

아버지가 나에게 소리 질렀다.

"이놈아. 넌 조용히 햇! 네가 왜 나서서 큰소리야. 부모에게!"

아내는 슬그머니 일어나 밖으로 나갔다. 아버지는 계속 소리쳤다.

"누가 너에게 피해 입혔냐! 부모에게 큰소릴 치고, 네가 뭘 잘했다고!"

큰누나와 작은누나 사이의 채무관계는 수면 아래로 가라앉고 주제는 나의 불효로 옮겨졌다. 나는 벌떡 일어나 밖으로 나갔다. 교육 수준이 낮은 나라에서는 국민들의 잘못된 선택으로 정치가 후진성을 벗어나지 못한다. 그러나 미국이나 유럽, 일본 등 교육 수준이 비교적 높은 나라에서도 국민들은 잘못된 선택을 한다. 교육이 인간성을 바꿀 수 있다고, 나는 믿지 않는다.

한 인간으로 인한 한 가문의 멸망을 그린 대표적 소설은 에밀리 브론테의 <폭풍의 언덕>이다. 거친 남자주인공 히드클리프를 '사랑하는 여자를 잃은 비운의 사내'라고 묘사할 수 있지만 나는 파괴자로 본다. 이 소설은 여러 판본이 있는데 서울대출판부 판본을 권한다. 그 외에 가문과 나라의 몰락을 그린 작품들은 많다.

- <워더링 하이츠>, 에밀리 브론테, 유명숙 옮김, 서울대출판부, 1998년
- <대한제국멸망사> (한말외국인 기록 1), 호머 헐버트, 집문당, 1999년
- <마지막 겨울궁전> 전2권, 로버트 K. 매시, 한솔미디어, 1995년
- <아메리카의 비극>, 시어도어 드라이저, 을유문화사, 2020년

* 이 책은 사랑소설로 볼 수도 있고, 청춘소설로 볼 수도 있지만 나는 '몰락'으로 분류한다.

- <목로주점> 전2권, 에밀 졸라, 문학동네, 2011년

* 주제가 무엇인지는 보는 사람의 관점에 따라 달라질 수 있다. 그러나 결과는 '몰락'이다.

아버지의 집은 아버지의 집이다

여동생 연경은 대학을 졸업한 후 작은 회사에서 1년 일하다가 1987년 큰 회사로 옮겼다. 성실하고 똘망똘망한 덕분에 회사생활은 잘했다. 27을 넘어가자 "언제 결혼하느냐?"고 묻는 사람들이 늘어났다. 35를 넘어서자 "이제라도 결혼해야지"라는 권유로 바뀌었으며, 40이 넘어가자 "혼자 사는 것도 괜찮아"라고 위로했다. 45가 되었을 때 결혼에 대해 말하는 사람은 한 명도 없었다.

막내 이경은 대학을 졸업한 후 이문동 외대 앞에서 친구와 커피숍을 하다가 어느 날 뉴질랜드로 갔다. 그곳에서 학교 후배를 만나 결혼한다고 통보했다. 신랑은 부산 청년이었다. 우리는 부산에 가서 막내 결혼식을 치렀다. 1998년, 4살 남자아이를 안고 한국에 왔을 때 일산 나의 집에서도 하루를 묵어갔다. 내가 마지막으로 본 모습이었다. 23년 전이었다.

아버지 장례식 때 연경은 영정사진이 차려진 제단을 찍어 카톡으로 막내에게 보냈다. 모든 것이 '정상적'이었다면 막내는 남편과 함께 왔을 것이다. 동생이 제단 사진을 찍을 때 나는 아버지의 체크무늬 와이셔츠가 어울리지 않는다고 생각했다. 흰 와이셔츠면 더 좋았을 텐데! 아쉬움이 들었다. 그리고 '내가 죽으면 장례식은 치르지 않겠다'고 마음먹었다.

여동생 연경은 왜 결혼하지 않았을까? 막내는 왜 갑자기 뉴질랜드로 갔을까? 그에 대해 두 사람은 명확히 말한 적이 없다. 두 사람은 큰언니의 행태와 그에 대한 아버지, 엄마의 행태에 대해서도 침묵으로 일관했다(사실 나도 대응하지 못했다).

나는 다만 '그래서 그랬겠구나'라고 추정만 할 뿐이다. 즉 연경은 '결혼을 하게 되면 친정집의 모습을 남편과 시댁에게 보여주기 싫어서'였을 수 있고, 막내는 '이꼴저꼴 다 보기 싫어' 이민을 간 것이라고... 추정한다. 이 추정이 잘못 되었기를 바란다.

1999년 봄 어느 날, 엄마에게서 전화가 왔다.

"내일 주민등록증 하고, 인감도장 가지고 내려오거라."

"무슨 일인데요?"

"내려와 보면 안다. 아침 일찍 오거라잉."

회사에 휴가를 내고, 다음 날 첫 고속버스를 타고 고향으로 내려갔다. 엄마는 심란한 표정으로 사연을 들려주었다.

"네 큰 매형이 사업을 한다고 해서, 이 집을 저당 잡혀 은행에서 돈을 빌렸는디... 동업하는 사람이 부도를 내는 바람에... 그동안 이자를 1년이나 내지 못해... 원금은 한푼도 갚지 못하고... 그래서 집이 경매에 넘어갔다."

"경매?"

나는 얼결에 창밖을 바라보았다. 마당 한켠에 빨간 장미가 막 피어나려 하고 있었다. 파초는 흔적조차 없었다. 벌떡 일어나 부엌으로 가 차가운 물 한 컵을 마셨다. 하지만 분노하지 않았다. 오래전 내가 우려했던 일이 결국 닥치고 만 것이었다. 다만 생각보다 일찍 왔을 뿐이었다. 아버지는 소파에 앉아 멍한 눈길로 창밖만 바라보았다. 엄마는 아버지와 나를 살피다가 조심스레 입을 열었다.

"... 그래서 오후에 법원에서 경매가 열리는데... 네가 이 집을 응찰하면 좋겠구나."

그 방법이 나쁘지는 않았으나 나는 아버지의 일에 개입하고 싶지 않았다. 마음 한구석에서는 집이 다른 사람의 손에 넘어간다는 사실이 서글펐으나, 한편으로는 내 집도 아닌 일에 내 돈을 쏟아붓고 싶지 않았다. 그리고 가장 중요하게는 나는 돈이 없었다.

"... 전 그런 돈이 없습니다."

"안다... 네 매형 동업자가, 그 사람 건물도 경매에 넘어갔는데 까딱하면 알거지가 될 상황이라 백방으로 돈을 마련하러 다닌다는구나... 그 사람이 돈을 일부라도 가져오면 그 돈으로 입찰금을 밀어넣고."

나는 머리가 아파왔다. 법원이나 세무서, 경찰서는 한번도 가본 적이 없었다. 평범한 직장인이 대체 그런 곳에 갈 일이 있단 말인가? 그리고 나는 여전히 숫자에 약했다. 모든 계산은 아내가 했다.

"그럼... 문제가 다 해결되나요?"

"다 해결이 아니라... 우선 급한 불을 끄려는 게다. 네가 낙찰(落札) 받으면 집 문제는 일단 한시름 놓는다."

'한시름?' 갑자기 화가 치밀었다. '내가 태어나고 자란 집', '우리 5형제가 태어나고 자란 집', '아버지 엄마가 살고 있는 집'이 자신의 뜻과 관계없이 경매로 넘어갔다는 사실이 너무 어이없었다. 나아가 슬프기 그지없었다. 50 평생을 교육에 봉직했던 성실하고 덕망 높았던 남자가 자신의 집조차 지키지 못했다는 현실은 슬픔 그 자체였다. 아버지는 '끙' 소리를 냈다. 그리고 대화는 끊어졌다. 큰누나에게 찾아가 한바탕 난리를 칠까 하다가 '이 집이 네 집이냐?'던 아버지의 말이 떠올라 참을 수밖에 없었다.

흔히 TV 드라마에 가족 분란과 몰락에 대한 이야기가 가끔 방영된다. 사람들은 분란을 일으킨 사람을 욕하기도 하고, 분란을 수습하지 못하는 사람을 비난하기도 한다. 그 논란 속에 현명한 해결책을 제시하는 사람이 있다.

"죽어야 끝나."

홍정훈의 친구가 차를 몰고 왔다. 나는 그 차를 타고 군산법원으로 갔다. '오늘의 경매' 목록에 아버지의 집 주소와 면적, 금액이 적혀 있었다. '남중동 1가 88번지'. 38년을 살아오면서 적어도 100번 이상은 이런저런 서류에 적었던 주소였다. 영원히 잊을 수 없을 그 주소가 '추억의 저편'으로 사라지고 있다는 참담함이 들었다. 경매 입찰서류에 막 내 이름을 적었을 때 홍정훈의 친구가 나에게 핸드폰을 건넸다. 엄마였다.

"기냥 집으로 돌아와라. 동업자가 돈을 구해 이자하고 원금 일부를 은행에 가져다 주었응게, 은행에서 경매취소 서류를 법원에 보낸단다. 그러니 기냥 돌아와도 된다."

그것이 가능할까? 경매는 이미 실시되었는데 은행에서 지금 취소가 가능한가? 긴가민가 망설일 때 또 핸드폰을 바꾸어주었다.
"경매에 들어가도 은행에서 취소하면 그만잉께 입찰은 무효가 된단다."
나는 입찰서류를 찢어 휴지통에 버리고 발길을 돌렸다. 그 말을 믿어서가 아니었다. 아버지의 말이 떠올라서였다.
"이 집이 네 집이냐? 이 집은 내 집이다."

마지막 승자는 누구일까?

그날 이후 나는 신문에 '법원경매목록'이 게시되면 꼼꼼히 살펴보는 버릇이 생겼다. 혹여나 남중동 1가 88번지가 올라있지 않을까 싶어서였다. 그러나 불안감이나 우울함은 전혀 없었다. 대신 경매목록에 올라있는 전국 각지의 주소들을 보며 '이 집은 도대체 어떤 우울한 사연을 간직하고 있을까' 가늠하고는 했다.

그해, 1999년 7월 셋째 주 토요일, 아내가 운전하는 차를 타고 딸과 함께 고향 집으로 내려갔다. 5명이 저녁을 먹고 나는 아버지의 서재에서 내 책들을 꺼내기 시작했다. 다음날 아침 일찍, 아내의 언니와 형부가 트럭을 몰고 왔다. 나는 책들을 라면박스에 담아 트럭에 실었다. 모두 37박스였다. 그중 몇 권을 적어본다.

● <노다지> 전4권, 선우 휘, 동서문화사, 1986년

* 1)굴레, 2)해방, 3)전쟁, 4)새벽 중에서 4권은 분실했다.

● <幸福語辭典 행복어사전> 1~2권, 이병주, 文學思想社(문학사상사), 1980년

* 이 책은 전 5권으로 간행되었는데, 나는 2권까지 읽고 중단했다.

● <넙치> 전2권, 귄터 그라스, 學園社(학원사), 1985년
● <제49호 품목의 경매>, 토머스 핀천, 志學社(지학사), 1986년
● <새와 十字架 십자가>, 오탁번, 高麗苑(고려원), 1978년
● <버어마여 안녕 : 蘇聯外交官 소련외교관의 脫出記 탈출기>, 알렉산드르 카즈나체프, 探求堂(탐구당), 1969년

트럭이 출발하기 전 나는 아버지 엄마에게 말했다.
"저는 갑니다."
그 시간 이후 핏줄로 연결된 그 누구도 만나지 않았다. 덩달아 친척들, 친구들도 만나지 않았다. 흔히들 이 상황을 '의절했다'고 표현한다. 국어사전은 이렇게 정의 내린다.

의절 (義絶)
[명사]
1. 맺었던 의를 끊음.
2. 친구나 친척 사이의 정을 끊음.

한문 義絶을 글자 그대로 해석하면 "옳은 것을 끊는다"는 뜻이다. 여기에서 의문이 생긴다. 왜 두 번째 해석에는 가족이 빠졌는가?이고, 또

'친구나 친척 사이의 정'은 과연 옳은 것이냐?는 의문이다. 누가 옳고 누가 그른 것인지 그 누가 판단할 수 있단 말인가!

인터넷 네이버에서 '의절'을 검색하면 무수한 질문들이 나온다.

◦ 자매랑 의절하는 법 알려주세요 '말로 풀어보라느니'. '그딴 건 없다느니' 씨부릴꺼면 그냥 답변 달지 마세요.

◦ 가족과 연 끊으신 분들께 질문 드립니다. 속이 후련하신가요? 가족이랑 더 엮이고 싶지 않은데요.——— 연 끊으신 분들의 말씀을 듣고 싶습니다. 경험담을 답변에 적어주세요.

◦ 내년에 대학을 가게 되는데, 진학과 동시에 개인적 사정으로 부모님과 의절하고 싶습니다. 그런데 법적으로 미성년자라서 부모님께서 양육권 및 친권을 유지하실 수 있는데, 그것 때문에 부모님이 나중에 절 찾으실 수 있을까 궁금하여 여쭤봅니다.

놀랍게도 이 질문들은 1970년대에 올라온 질문들이 아니다. 2021년에도 이러한 질문들은 끊임없이 올라온다. 답변의 80%는 '꾹 참고 살으라'는 것이고, '불가능하다'는 것이다. 하나마나한 조언이다. 그러나 의절은 불가능하지 않다. 법적으로는 연결되어 있어도 현실에서 만나지 않고 사는 것은 얼마든지 가능하다. 나는 22년 동안 가족과의 연을 끊었고, 지금도 그런 상태이다. 사람들이 나를 욕하건, 비난하건, 손가락질을 하건 말건 신경 쓸 필요없다. 혹여 누가 그대를 비난하거든 이렇게 말하라.

"너희 중에 효자 효녀가 있거든 나에게 돌을 던져라!"

그러나 나는 매정한 사람이 아니었다. 나는 배려심 깊은 사람이었다. 나로 인해 집안에 분란이 일어나기를 바라지 않았다. 내가 물러나면 모든 일이 조용히 흘러갈 것이었다. 내가 집안을 위해 할 수 있는 일은 아무것도 없었다. 하고 싶지도 않았으며 그럴 능력도 없었다. 나는 아버지에게
"이제 자식들에게 더 이상 신경쓰지 말고 아버지와 엄마 두 분이 편안하게 잘 사세요."
라고 말할 능력이 없었다. 큰누나와 홍정훈에게
"이제 아버지와 엄마를 그만 괴롭히고 둘이 알아서 사세요."
라고 말할 용기도 없었다. 고향집에 갈 때마다 초라하게 늙어가는 아버지 엄마를 보는 것은 진정 가슴 아픈 일이었다. 더 이상 그 모습을 보고 싶지 않았으며, 식구들과 마주 앉아 말다툼을 벌이고 싶지도 않았다. 나는 의무를 버리기로 했다. 국어사전의 해석처럼 '옳은 것을 끊기로' 했다. 조용히 앉아 책을 읽고 싶었고, 한국문학사에 길이 남을 명작을 쓰고 싶었다(1997년에 소설가로 등단했다. 그러나 이 목표를 이루지 못했다).

나의 마음을 알았는지 나에게 전화하는 가족은 없었다. 그때 나는 핸드폰이 없었기에 저장되어 있는 가족과 친구들의 전화번호를 지우는 수고를 하지 않아도 되었다. 반면 전화번호 수첩을 새로 정리했다. 고향집에서 가져온 1천여 권의 책 중에서 600여 권은 2012년에 버렸다. 2~3년 후 친구가 전화를 걸어왔다.

"너, 아버지하고 의절했냐?"

의절? 나는 그런 적이 없다.

"아니! 서로 일이 바빠 만나지 못할 뿐이야."

지금까지의 이야기 외에도 우리 가족의 구질구질한 삶의 단편은 부지기수로 많다. 아버지는 명절이 되면 한번도 빠지지 않고 큰딸의 사돈댁에 사과박스와 소고기를 보냈다. 그러나 둘째딸의 시댁과 며느리의 친정에는 한번도 보내지 않았다. 내가 결혼한 이듬해인 1988년 추석에 아내와 나는 남중동 집에서 하루를 보내고 저녁 6시 무렵 아내의 친정집이 있는 김제로 출발했다. 엄마는 우리를 태워다 주겠다고 했다. 나는 앞 조수석에 타고 아내는 아기를 안고 뒷좌석에 탔다. 그때 막내 여동생이 함께 가겠다고 나섰다.

"나도 갈래. 바람이나 쐬어야겠다."

차가 아내의 친정집에 도착해 내리려 할 때 엄마가 지갑에서 돈을 꺼내 아내에게 주었다. 3만 원이었다. 나는 깜짝 놀랐고, 아내도 깜짝 놀랐고, 여동생도 놀랐다. 아내는 그 돈을 공손히 받았다.

"감사합니다."

나는 엄마가 그 돈을 왜 주는지 이해하지 못했다. 아내는 집 앞 슈퍼에서 2만 원을 더 보태 사과 한 박스를 샀다. 다음날 집에 오자 여동생 연경이 일러주었다.

"어젯밤에 김제 갔다 와서 엄마하고 막내하고 대판 싸웠어."

"왜?"

"엄마가 새언니한테 3만원 줬어?"

"응."

"그것 때문에."

"그것이 왜?"

"며느리가 결혼하고 첫 명절에 친정엘 가는데 겨우 3만 원을 줬다고."

나는 피식 웃음이 나왔다. 엄마의 3만 원에 내가 깜짝 놀란 이유는 '아들의 아내'에게 무려 3만 원이나 주었기 때문이었다. 그것은 나에게 과분했다. 아내는 평생 그에 대해 단 한마디의 말도 하지 않았다.

아버지는 노후를 위해 익산 변두리에 300여 평의 땅을 사두었었다. 1997~8년 어느 날 집에 갔을 때 아버지의 방에 있는 모토로라 핸드폰이 충전 중이었다.

"니 매형이 사주었다."

그때 모토로라는 최고급 핸드폰으로 대략 30만 원 안팎이었다. 아버지는 그 핸드폰을 무척 자랑스럽게 여겼다. 노후를 대비한 300여 평의 땅이 홍정훈에 의해 사라진 직후였다. 나는 "우리는 일제에 감사해야 한다. 그들이 경부선을 비롯한 여러 개의 철도를 놓아 조선을 근대화시켰기 때문이다"라고 주장하는 글이 떠올랐다.

하지만 나는 의절하지는 않았다. 다만 서로 바빠 만나지 못할 뿐이었다. 그날 이후 나는 행복했다. 진흙탕에서 벗어나 푸른 잔디밭을 걷는 기분이었다. 어쩌면 아버지와 엄마도 나처럼, 아니, 나보다 훨씬 더 행복할 것이라 믿었다. 분란을 일으키는 아들이 집에 더 이상 오지 않으니 그 얼마나 행복할 것인가! 그런 의미에서 나는 진정 효자였다. 왜 내가 진작 관계를 끊지 못했었는지, 정녕 멍청했었다는 후회감도 들었다. 가난하지만 행복하게 살아가던 2011년 즈음(혹은 2013년. 너무 오래되어 기억나지 않는다) 낯선 010 번호로 전화가 왔다. 무심히 받았다.

"나, 연경이야."

여동생이 나에게 전화를 한 것은 거의 12~14년 만이었다. 내 핸드폰 번호를 알고 있다는 것이 신기했다.

"……"

"쿤나가 아파."

"……"

"간암이야. 이식수술하면 살 수 있대. 식구들 전부 조직검사를 했는데 맞는 사람이 없어. 마지막으로 오빠만 남았어."

나는 전화를 끊었다. 그리고 통화 기록을 지웠다. 1년 후 사촌동생 준경에게서 문자가 왔다. 그와도 만난 지 10년이 지났었다.

김윤경 사망, 익산병원 장례식장

여동생이 "쿤나가 간암에 걸렸다"고 알려주었었다는 사실이 떠올랐다. 다음날 오후, 나는 준경의 차를 타고 익산으로 내려갔다. 장례식장에 들러 누군지 알지 못하는 상주에게 절을 두 번하고, 육개장에 밥을 말아 저녁을 먹고, 다시 준경의 차를 타고 돌아왔다(조의금은 내지 않았다). 홍정훈의 남동생이 나를 반갑게 맞아 이런저런 이야기를 하며 명함을 주었다.

"중국에 있으니 한번 놀러오게."

나는 고속도로 휴게소에서 담배를 피우고, 명함을 쓰레기통에 버렸다. 만약 내가 조직검사를 받았다면 어떤 결과가 나왔을까?

아버지 엄마가 낳은 5형제는 각자의 길을 찾았다. 공부 잘했던 첫딸은 집안을 망쳐놓고 55세가 되기 전에 간암으로 죽었다. 둘째 딸은 이혼 후 혼자 살았고, 유일한 아들은 가족과 의절했으며, 셋째 딸은 독신으로 살았고, 넷째 딸은 뉴질랜드로 이민을 갔다. 한때 아름다웠고, 화목했고, 사람들의 부러움을 샀던 집은 이른바 '콩가루 집안'의 표본으로 떠올랐다. 공부를 잘했던 순서대로 아버지 엄마에게 불효했다. 가장 공부 잘했던 큰누나가 가장 불효했고, 가장 공부 못했던 아들이 ―세속적인 의미에서― 가장 출세했다(성공은 아니다).

오늘날, '출세'의 의미를 명확히 정의내릴 수는 없지만 나는 <네이버 인명사전>을 기준으로 한다. 우리 집안 7명, 큰집 9명, 작은집 5명, 작은 아저씨집 9명, 고모집 6명, 큰누나네 집 3명, 작은누나네 집 4명, 막내네 집 4명, 외가의 무수히 많은 사람들, 그 외의 여러 친척들 중에서 네이버에 사진과 프로필이 올라있는 사람은 내가 유일하다. 그럼에도 가장 가난한 사람은 나이다.

'공부=출세'가 아니며, '출세=부자'도 아니고, '부자=행복'도 아니라는 것을 우리 집안은 증명한다. 가까운 친인척이 50여 명이 넘었으나 단 한 명도 내 딸의 결혼식에 참석하지 않았다. 심지어 할아버지 할머니조차 친손녀의 결혼식에 참석하지 않았다..... 누구의 잘못일까?

그리고 2021년 1월 5일 아버지는 그토록 자랑스러워했던 첫딸 옆에 가루가 되어 안치되었다. 영정 사진을 본 순간 나는 영화 <마지막 한 걸음까지>에서 소련 수용소 소장 카마네프가 독일인 포로 클레멘스 포렐에게 마지막으로 읊조린 말을 떠올렸다.

"최후의 승자는 나다."

만약 그대들 중에 효자 효녀가 있다면 나에게 돌을 던져라!

내가 아버지에게 원한 것은 하나였다. 제자리로 돌아가는 것이었다. 아버지는 근면, 성실, 노력, 자비의 표상이었다. 나의 친구들은 그러한 아버지를 둔 나를 부러워했으며, 아버지의 1/10도 못 따라가는 나를 나무라곤 했다. 어느 부류든 사람들은 아버지를 존경의 태도로 대했다. 그러나 아버지는 자신을 지키지 못했다.

나는 좋은 책을 구하면 아버지에게 보내 드리고, 둘이 머리를 맞대고 앉아 책에 대해 이러쿵저러쿵 이야기를 나누고 싶었다. 그러나 그 소망은 한번도 이루어지지 못했다.

"인생은 한번이다. 그러기 때문에 우리는 어떤 인생이 좋고, 어떤 인생이 나쁜 것인지 확인할 수 없다."

<참을 수 없는 존재의 가벼움>으로 순식간에 한국인의 사랑을 받은 작가 밀란 쿤데라의 말이다. 아버지가 눈을 감기 직전 마지막으로 떠올린 것은 무엇이었을까?

소유와 죽음의 관계

"이것들은 나중에 어떻게 될지 그 궁금증이 요즘 간혹 들어요."
연남동 창고 집필실 앞에 있는 N 출판사에 종종 놀러갔다. 사장 J는 음악광이었다. 사무실에는 책도 많았지만 레코드판(LP)이 더 많았다. 그리고 값비싼 전축이 창가 옆에 자리잡고 있었다. 그는 CD가 아닌 LP로 음악을 들었다.
"내가 죽기 전에 이 LP들을 어떻게 처리할 것인지, 요즘은 그 고민을 간혹 합니다."
J는 51세였고 독신이었다. 죽음을 생각하기에는 이른 나이지만 고민하지 않을 수 없었다.
"레코드판이 전부 몇 장인데?"
"전부 세어보지는 않았지만 2만여 장은 넘지요. 금액으로 5억은 넘을 것 같은데요."

고인이 된 김광석의 LP가 최대 200만 원까지 거래된다는 이야기를 들은 적이 있다. J에게는 희귀본 LP가 많았다. 어찌 J뿐일까? 희귀한 물건들을 다량으로 소유한 사람들이 갈수록 늘어가고 있었다. 옛날 필름카메라만 200대 넘게 소유한 사람도 있고, 옛날 재봉틀만 수십 대를 모은 사람도 있고, 우표를 만 장 넘게 간직한 사람도 있다. 특히 수백 개, 수천 개의 돌을 가지고 있는 사람들은 셀 수 없이 많다. 그들은 그것들을 소중히 여긴다. 때로는 삶의 목적이 '모으는 것'으로 보일 정도이다.

또 미혼으로 살면서 상당한 재산을 축적한 사람들도 내 주변에 늘어가고 있었다. 나이를 먹어가면서 그들은 필연적으로 '종종'은 아닐지라도 '문득'

"내가 죽은 후 이 물건들은 어떻게 될까?"

"내가 죽은 후 나의 재산은 어떻게 될까?"

를 생각한다. 독신이 사회 현상으로 굳건하게 자리 잡으면서 그러한 사람들은 갈수록 늘어날 것이다. 나는 가장 간편한 방법을 제시했다.

"그대의 형이나 누나의 아들이나 딸에게 물려주어야겠지."

"그것도 하나의 방법인데.... 그들이 이것들에 관심 없으면 다 쓰레기입니다."

맞는 말이었다. 누군가 나에게 유명 야구선수들의 친필 사인이 담긴 야구공 100개를 준다면 당근마켓에 올려 즉시 팔아버릴 것이다. J가 나에게 레코드판 2만여 장을 준다면 그것 역시 즉각 팔아버릴 것이다.

"지금은 이것들로 행복한 삶을 살아가지요. 하지만 죽음에 대해서도 대비해야 한다는 생각이 부쩍 들어요."

소유와 행복, 소유와 죽음의 관계를 설명하기는 어렵다. 분명한 것은,

한국인들은 법정 스님의 <무소유>를 열심히 읽으면서도 더 소유하려 발악하고, TV 프로그램 <나는 자연인이다>를 애청하면서도 번잡한 도시의 고층 아파트에 집착한다. 그곳이 넓을수록 좋다. 나 또한 그러하다.

며칠 후 B의 초청으로 그림 전시회에 갔다. 평창동의 넓은 전시장에는 B의 아버지의 그림 140여 점이 전시되어 있었다. A4 사이즈부터 합판 크기의 캔버스까지 그림 종류는 다양했다. 전부 유화 그림이었고, 멋진 그림이었다. B의 아버지는 아들에게 그림을 물려주고 죽었다. 직업이 없는 B는 1년에 3점만 팔아도 너끈히 먹고 살 수 있었다.

"아버님이 그림을 몇 점이나 남기셨나요?"

"800점 약간 넘지요."

그동안 판매한 작품도 있으므로 화가는 대략 1천 점의 그림을 그렸을 것이다. B의 말처럼 1년에 3점을 판다면 앞으로 266년이 걸린다. 그에게 아버지의 그림은 어떤 의미가 있을까? 내가 애지중지 소유한 2천여 권의 책(원래는 4,500권 정도)은 훗날 어떻게 될까?

내가 고향에 가서 아버지의 책을 가져오는 행위는 정녕 부질없다는 것을 또 한번 깨달았다. 우리는 너무 많은 것들을 소유하고 있다. 한국인의 하위 10%에 속한 나조차 소유물(대부분 하찮은 것)이 너무 많다. 더 중요하게는, 내 서가에 꽂혀 있는 <중국시가선>, <지혜의 일곱 기둥>, <티벳 사자의 서>, <東武遺稿 동무유고>, <미국민중사>.... 는 나에게 아무런 삶의 방편을 마련해주지 못했다. 나는 그것들 속에서 인생의 길을 찾으려 했으나 내 손에 쥐어진 것은 아무것도 없었다. 1999년 어느 날, 귀중한 책 1세트를 얻었다.

● <白凡 金九 全集 백범김구전집> 전12권, 白凡金九先生全集編纂委員會(백범김구선생전집편찬위원회), 46판, 양장본, 대한매일신보사, 1999년, 정가 60만원.

* <서울신문>은 1998년 11월에 신문 이름을 <대한매일>(大韓每日)로 바꾸었다가 2004년 1월에 다시 <서울신문>으로 돌아갔다. 이 전집은 그 시기에 간행되었기에 발행처가 '대한매일신보사'로 표기되었다.

이 책은 내 책장에 꽂혀있는 자랑스러운 전집 중 하나이다. 그러나 책을 선물 받았을 때 스윽― 살펴본 이후 22년 동안 단 한번도 들춰본 적이 없다. 어쩌면 앞으로도 그럴 것이다. 인터넷 헌책방에서는 이 전집을 최소 15만원 ~ 최대 30만원에 판매한다. 그러나 팔리기는 쉽지 않을 것이라 추정한다.

내가 소유하고 있는 것들은 여전히 <2009 부동산 대예측>이었다. 고향집에 내려가 아버지의 서재에 꽂혀 있는 책들을 가져온다면 <2009 부동산 대예측>을 더 늘리는 행위였다. 나는 아버지의 집에 가지 않기로 다시 한번 마음먹었다.

방법이 없는 것은 아니다

오래된 다이어리에서 아버지의 주민등록번호를 찾아냈다. 1997년 첫 여권을 만들기 위해 제출한 부모의 인적사항을 잊지 않기 위해 적어둔 것이었다(그때는 여권을 만들기가 굉장히 복잡했다).

331013-1**6011

나는 40여 년 전에 엄마가 "네 아빠는 1930년생이다"라고 말했던 것을 기억해 지금까지 아버지가 1930년에 태어난 것으로 알고 있었다. 그런데 천호성지에 아버지의 유골을 봉안할 때 받은 서류에는 1931년 11월 7일로 기록되어 있었다. 그러나 아버지의 주민등록번호로 따져보면 1933년 10월 13일 생이다.

엄마의 말에 근거를 두면 아버지는 이 땅에서 91년을 살았고, 유해봉안서에 의하면 90년을 살았고, 주민등록번호에 의하면 88년을 살았다. 무엇이 맞는 것일까?

분명한 것 하나는, 나는 아버지에 대해 아무것도 알지 못한다는 것이었다.

연남동 건물 1층 현관 안쪽에 커다란 화분이 있고 그 안에 손바닥 크기의 짙은 녹색잎들이 달린 커다란 화초가 자라고 있었다. 나는 오며가며 화초에 물을 주었다. 어느 사무실을 가든 화초들이 시름시름 앓다 보기 흉하게 죽어가는 모습을 너무 많이 보아왔기에 이 화초는 잘 자라기를 바랐다(그러나 굳이 화초의 이름을 알려 하지 않았다).

한 달이 지나고 1년이 지날 때까지 화초는 시들지 않았다. 나는 내가 정성으로 물을 주어 잘 자라는 것이라 믿었다. 어느 날 택배박스를 그 옆에 놓다가 실수로 나뭇잎 하나를 떨어뜨렸다. 당황해서 나뭇잎을 주워든 순간 소스라치게 놀랐다. 그 나뭇잎은 플라스틱이었다. 화초의 다른 잎들과 줄기를 만져보았다. 모두 플라스틱이었다.

너무 놀라 그 자리에 우두커니 서 있을 수밖에 없었다. 어쩌면 이렇게 감쪽같이 속일 수 있단 말인가? 어떻게 가짜 꽃에 속아 1년 동안이나 물을 주었던 말인가! 어떻게 그동안 단 한번도 잎을 만져볼 생각조차 하지 않았던가! 순간 아버지가 떠올랐다.

아버지에게 나는 이 가짜 꽃이었다.

아버지는 아들을 그 누구보다 사랑했다. 가난했던 1960년대에 세발자전거(그 빨간색을 지금도 선명히 기억한다)를 사주었으며, 7살이 된 아들을 삼천리 자전거에 싣고 이곳저곳 다니며 구경을 시켜주었다. 아들이 책 읽는 것을 좋아한다는 것을 알고 —문학을 달가워하지 않았음에도— <소년소녀 세계명작전집>을 비롯한 많은 책들을 사주었다. 국민학교 3학년 때부터는 매주 100원을 주어 책 대본소에서 동화책 2권씩을 빌려 읽도록 했다. 그 특혜는 나에게만 주어졌다. 빌린 동화책이나 <새소년>을 옆구리에 끼고 집까지 뛰어왔던 설렘이 엊그제 같다.

그러나 나는 공부는 뒷전이었고, 아버지의 양복을 뒤져 100원, 200원을 몰래 훔쳐 만화방에서 만화를 보느라 바빴다. 동네 아이들과 전북대 공대(지금의 전북기계공고, 전북대 공대는 원래 이리 남중동에 있었으나 1974년 전주로 이전해 캠퍼스를 통합했다) 실험실에 몰래 숨어들었다가 경비에게 붙잡혀 크게 혼나는 말썽쟁이였다. 중3 때 <One Summer Night>(진추하[陳秋霞]가 출연한 영화 [사랑의 스잔나]의 삽입곡)을 처음 들은 후부터 팝송에 빠져 야외전축(포터블전축)으로 노래를 듣느라 공부는 눈곱만큼도 관심이 없었다.

급기야 "남성고등학교에 장학생으로 합격할 수 있다"고 거짓말했다가 아버지를 극도의 혼란과 낙담에 빠뜨렸다. 그래도 아들을 믿은 아버지는 거금 4만 원을 들여 카시오 전자시계를 사주어 얼리어답터(earlyadopter)로 만들어주었으나 1년도 안 되어 시계를 망가뜨렸다. 또 끊임없이 개인과외를 시켜주었지만 공부가 싫어 고2 때 가출을 했다. 그 모든 행위들의 결과는 사실상 최악이었다. 아버지는 20년 동안 가짜 꽃에 물을 준 것이었다. 내가 1997년 소설가로 등단하면서 겨우 그 빚을 갚았다고 생각했지만 20년 동안 쏟아부은 아버지의 정성의 물에 비하면 금세 사라지는 아침이슬에 불과했다.

어찌 그 죄에서 벗어날 수 있으랴!

"생각을 해보았는데..."

V 사장이 전화를 걸어왔다. 만난 지 3일 후였다.

"자네 아버지 집에 가는 게 옳겠네."

"……"

"혹시 아버지가 유언장을 남겼나?"

"저는 모릅니다."

"음... 내가 자네 집안일에 이러쿵저러쿵 하는 것은 아니지만, 또 그럴 계제도 아니고... 선생님은 분명 유언장을 남기셨을 것이네. 자네 작은누나가 당분간 공개를 안 하는 것이겠지. 집이야 훗날 처리한다 해도... 아버지가 남긴 책들은 자네가 물려받는 게 옳아."

'옳아'라는 단어는 무슨 의미일까?

"그 책들에는 아버지의 삶이 고스란히 담겨 있고, 또 책은 다른 것과 달리 귀중한 정신유산 아닌가! 자네가 그 책들을 가져와서 정리하고, 딸에게 물려주면 그것이 가문의 보배가 될 수 있지. 사실 나는 아버지에게서 물려받은 게 하나도 없네. 그게 부끄러운 것은 아니네만! 여하튼 자네는 평생을 교육자로 헌신한 아버지의 반백년 역사를 그대로 보존할 수 있지. 그 얼마나 자랑스러운 일인가."

"……"

"집에 갈 날짜가 정해지면 아무 때나 나에게 연락하게. 나랑 함께 가지. 요즘은 코로나 덕분에 시간이 많네. 선생님 봉안소에 가서 인사도 드리고... 알겠지?"

원래 나의 꿈은 —작가가 된 이후— 나의 책들과 아버지의 책들을 합쳐 <김연태 도서관>을 만들어 남성고등학교에 기증하는 것이었다. 남성고등학교는 아버지의 모교이자 평생을 봉직한 학교였으며, 나의 잊을 수 없는 모교였다. 약 300평의 땅에 작은 도서관을 지어 기증하면 훗날 도서관은 없어진다 하여도 아버지의 이름은 남을 것이었다. 그것이 나의 죄를 씻는 길이었다(나는 집이나 땅, 돈, 재물에 관심이 없었다. 그런 것들에 눈곱만큼이라도 관심이 있었다면 작가가 되지 않았을 것이다).

그러나 그 꿈은 보기 좋게 물 건너갔다. 아버지의 땅이 지금 어떤 상태로 있는지 알지 못하며 장례식을 치른 후에도 알아보지 않았다. 만약 내가 작은누나에게 분할을 요구한다면 작지 않은 분란이 일어날 것이 분명했다. 만약 작은누나가

"네가 집을 떠난 20년 동안 내가 아버지 엄마를 모시고 살았다."

주장한다면 물러설 수밖에 없었다. 나는 의무를 버렸기에 아무런 권리가 없었고, 법정 다툼을 벌일 자신도 없었다. 하지만 아예 방법이 없는 것은 아니었다. 이제라도 베스트셀러를 써서 많은 돈을 벌어, 그 돈으로 그 땅을 사면 되는 것이었다. 그리고 작은 도서관을 지어 <김호경 도서관>이라 이름 붙인 뒤 남성고등학교에 기증하면 되는 것이었다. 그러면 최종 승리자는 나였다.

얼추 20억 원이면 되지 않을까?

나는 계산기를 두드렸다.

$2,000,000,000 \div 1500 = 1,333,334$

즉 정가 15,000원짜리 책 130만 권을 팔면 20억 원을 손에 쥘 수 있었다(가급적 3년 안에). '가능할까, 불가능할까'는 따지지 않기로 했다. 설사

내 살아생전에 이 꿈을 이루지 못한다 하여도 딸에게 이 꿈을 이루도록 하면 영원히 불가능하지는 않을 것이었다. 도서관을 지으면 필요한 것은 책이었다. 나는 아버지의 책을 가지러 가기로 최종 결심했다.

아버지의 서재

뻐꾹— 뻐꾹—

어디에선가 희미하게 뻐꾸기 울음소리가 들렸다. 고속버스 질주하는 부아앙— 소리에 섞여 내가 잘못 들은 것인지도 모른다. 나는 머릿속으로 노래를 흥얼거렸다.

뜸북뜸북 뜸북새 논에서 울고 뻐꾹뻐꾹 뻐꾹새 숲에서 울제
— '오빠 생각', 최순애 작사, 박태준 작곡, 1925년

가슴이 아려왔다. 고등학교에 들어가자 중학교 때 없었던 풍습 여러 가지를 겪었다. 1년에 한번 도교육청 주관으로 교련사열을 받았고, 매년 3월 하순이면 행군도 했다. 남중동 학교에서 황등역을 지나 함열 매봉산까지 약 13km를 3시간 동안 걸어가 점심을 먹고 놀다오는 원거리 소풍

이었다. 황등역(黃登驛)은 나훈아의 노래 <고향역>의 무대가 된 역이다.

또 하나는 '반가(班歌) 경연대회'였다. 매년 4월 초에 1학년 1반부터 3학년 10반까지 30개 반 1,900여 명이 강당에 전부 모여 반가를 부르는 대회였다. 특별한 상품은 없었고 그저 최우수상, 우수상, 격려상이 주어졌다.

1학년 때 우리 반이 선정한 노래는 <4월의 노래>였다. 음악시간마다 열심히 연습했으나 박수를 받는 것으로 끝났다. 최우수상은 <오빠 생각>을 부른 2학년 3반이 차지했다. 아버지가 담임을 맡은 반이었다. 다음해에는 3학년 1반이 <선구자>를 불러 최우수상을 받았다. 아버지가 맡은 1학년 6반은 <오빠 생각>을 멋지게 불렀지만 등위에 오르지 못했다. 다음해 3학년이 된 나는 반가를 <오빠 생각>으로 하자고 추천했다. 음악선생님은 빙긋 웃었다.

"그 노래는 벌써 2학년 8반에서 정했단다. 다른 노래로 해야 한다."

그 2학년 8반의 담임선생님이 누구인지 아이들은 잘 알고 있었다. 우리는 격론 끝에 <희망의 나라로>로 정했고, 우수상을 받았다.

예나 지금이나 궁금한 것은 오빠가 사가지고 온다던 '비단 구두'였다. 오빠는 돌아온다고 했는데 왜 소식이 없을까? 아버지에게 비단 구두는 무엇일까? 이승에서 갖지 못한 비단 구두를 저승에서는 얻었을까?

3일 전 작은누나에게 메시지를 보냈다. 내가 누나에게 메시지를 보낸 것은 태어나서 처음이었다.

4.16(금) 남중동 방문. 책 보러 감. 만날 시간과 장소를 알려주세요.

답신은 금방 왔다.

5시 20분에 남중동 집 앞에서 만나자.

나는 여산 큰집에 사는 덕경에게 전화해 그날 오후에 집에 있느냐고 물었다.
"금산에서 일이 있기는 헌디... 형이 내려온다믄 시간을 맞춰야지요."
아침 10시 무렵에 고속버스로 출발하려 했으나 이미 매진되어 11:50 차를 탈 수 밖에 없었다. 생전 처음 타보는 프리미엄 고속버스는 강남 센트럴시티에서 제 시각에 출발해 2시 20분 연무대 터미널에 도착했다. 누나를 만나기 전 큰집에 먼저 들르기 위해서였다. 익산 터미널에서 여산으로 가는 것보다 연무대에서 여산으로 가는 것이 훨씬 더 빨랐다. 터미널에 내려 근처 분식집에서 거의 10년 만에 쫄면 하나를 후다닥 먹고 덕경에게 전화했다.
"너 어디 있니?"
"지금 터미널로 가고 있어요."
그는 내가 연무대 터미널에 2시 30분쯤 도착하리라는 것을 알고 있었다. 낡은 파란색 트럭을 타고 큰집에 갔다. 누나에게서 메시지가 왔다.

큰집에서 나오면 신막정류소 앞에 주유소가 있는데, 그 앞에서 4:30분에 만나자.

큰집에 가기는 약 10년 만이었다. 날씨는 너무 좋아 초여름 같았다. 학동 마을은 을씨년스럽기 짝이 없었다. 곳곳에 빈집이 있었고, 말라 죽은 풀들이 경운기와 농기계들을 마구잡이로 휘감고 있었다. 버려진 농기계들은 대부분 녹이 슬어 사용이 불가능해 보였다. 어느 곳에서든 소 울음소리, 돼지의 꿀꿀 소리, 개 짖는 소리도 들리지 않았다. 버려지고 무너진 빈집들 사이에 버젓하게 들어선 2층 양옥집들이 풍경을 더 슬프게 만들었다.

"몇 가구나 살지?"

"40가구 정도 돼지요."

"그러면 100명은 되겠네."

"100명은 안 돼지요."

큰집 역시 빈집처럼 보였다.

"혼자 아이들 멕이고, 학교 데려다 주고, 비닐하우스에 가서 자동차 정비하고, 농기계 고치고, 그러다 아이들 핵교에서 데려오믄 하루가 후딱 지납니다. 집을 손 볼 시간이 없세요."

일본에 사는 큰형이 돌아와야 정리가 될 듯싶었다. 한때 10여 명의 사람들과 소, 돼지, 닭들이 복작대던 그 넓고 낭만적이었던 큰집은 쓸쓸한 곳으로 변하고 말았다. 그 무엇이든 시대를 이겨낼 수 없었다. 폐허가 되어버린 사랑채로 들어가 안을 살폈다. 흙벽이 무너진 그곳은 흙과 쓰레기, 말라비틀어진 풀들이 태반이었다. 대충 만든 낡은 책꽂이가 아슬아슬하게 벽에 기대 있었고 오래된 책 40여 권이 위태롭게 꽂혀 있었다. 눈길을 끄는 책은 딱 두 권이었다.

● <여선생> (순애소설), 韓載龍(한재룡), 書韓社(서한사), 1977년
● <아일란드의 봄>, E. 오브라이언, 靑字閣(청자각), 1978년

* 두 사람의 이력에 대해서는 찾지 못했다. 인터넷에는 <여선생>에 대해 5건의 기사가 검색된다.

그야말로 1970년대 스타일의 촌스러운 책이었다. 낡았고, 유치했고, 아름다웠다. 나는 지독히 그 책들을 갖고 싶었지만 소유할 수 없어 사진을 찍는 것으로 만족해야 했다. 쓸쓸한 동네를 둘러보고 마당 한켠에 서서 옛날이야기를 나누자 금세 4시가 되었다. 덕경은 나를 주유소 앞까지 태워주었다. 곧 누나의 차가 왔다.

내가 누나의 차를 타기는 처음이었다. 서먹했다. 기껏 하는 이야기는 덕경이는 무엇을 하는지, 일본에 사는 만경 형은 무엇을 하는지... 다른 사람들에 대한 무의미한 이야기였다. 문득 나는 의미없는 또 하나의 질문을 했다.

"그 학교 전교생은 몇 명이나 돼? 한 200명 되나?"

누나가 교장으로 재직하는 학교는 고등학교였으므로 아무리 시골이라 하여도 전교생이 200명은 되지 않을까, 추정했다.

"18명."

"......"

잘못 들었다고 생각했다. 잠시 후 나는 교사가 18명이라는 뜻인가? 생각이 들어 다시 확인했다.

"18명? 전교생이 18명?"

"응."

우리나라에는 전라도를 욕하거나 비하하는 사람들이 있다. 절라도,

삼합, 홍어 등등 명칭도 다양하다. 그러나 굳이 그럴 필요는 없다. 30년만 지나면 ―그때 나는 존재하지 않을 것이다― 전라도 사람들의 절반 이상은 사라질 것이다. 자연스런 현상이다. 문제는 그 빈 땅(전라도는 풍요로운 곡창지대이다)에 또 누군가 들어와 살게 될 것이고, 그들은 또 다시 전라도 사람이 되어야 한다는 것이다.

차는 금마를 지나 팔봉을 지나 부송동을 거쳐 내 눈에 익숙한 동네에 들어섰다. 한두 개의 오래된 아파트가 옛날의 거처를 가늠하게 해주었다. 20년이 흐르는 동안 무수히 많은 길들이 생겨나고 무수히 많은 집과 낮은 건물들이 새로 들어섰다.

"도착하면 차 트렁크에 내릴 게 있으니 가지고 내려라."

누나는 낯선 1.5차선 골목에 차를 세웠다. 나는 차 밖으로 나와 트렁크에서 커다란 포대 2개를 꺼냈다. 그동안 누나는 어느 집 흰 대문에 열쇠를 꽂았다.

"왜 남의 집 대문을 열어?"

"여그가 우리 집이야."

깜짝 놀랐다. 고개를 들어 집의 모습을 본 순간, 옛날 그 집이라는 사실을 깨달았으나 집은 2/3로 줄어있었다. 대문에서 현관까지 최소 30m였는데 10m로 줄어들었다. 그제야 나는 누나가 차를 세운 길이 과거 우리(사실은 아버지) 집의 마당이었다는 것을 알아차렸다.

"요기 길이 새로 나면서 우리 집이 줄어들었제."

한때 300평에 달했던 집은 앞마당이 줄어들어 볼품이 없었다. 옆마당은 그대로였으나 앞이 넓은 형태가 아니라 옆으로 긴 형태는 기이하게 보였다. 또 뒷담과 바짝 붙어 4층짜리 연립주택이 집을 위압적으로 내려다

보고 있었다. 아버지의 뜻은 아니었겠으나 도시계획은 한 집의 역사와 아름다움을 송두리째 앗아가 버리고 말았다. 20년 동안 내가 알지 못한 일들이 얼마나 많이 생겨나고, 사라졌겠는가!

(나는 아버지가 땅 보상금을 받아 엄마와 둘이 잘 먹고, 잘 살았기를 기원했다. 그러나 어쩌면 그렇지 못했을 것이라는 마음도 들었다.)

"책은 아빠 서재에 그대로 있으니께 들어가서 봐."

집안으로 들어가는 계단 앞의 육중한 돌해태 2개는 옛날 그대로였다. 그 옆의 5층 석탑이 무너져 돌사자 하나를 짓누르고 있었다.

"이 석탑이 무너진 지 4~5년 됐는데 사람 힘으로는 세울 수 없어서 기냥 이렇게 있제."

나무들도 몇 그루 사라졌고 한때 아버지와 엄마가 온 힘을 기울여 키우던 50여 개의 분재들도 보이지 않았다. 그럼에도 이런저런 나무들과 선인장, 이름을 알지 못하는 여러 꽃나무들이 마당 전체를 덮고 있었다. 30여 년 전에 심은 모과나무는 오히려 그때보다 줄어들어 덩그렇게 집을 지키고 있었다. 구상(具常) 시인의 시가 떠올랐다.

어둠으로 덮인 나의 내부엔
서로 물어뜯고 으르렁거리는
이면수(二面獸)의 탄생을 보았다.

자기 증오의 밧줄이
시시각각 숨통을 조여 오고
하늘의 침묵은 공포로 변했으며

모든 타자가 있음이 지옥이요
— 구상, 모과 옹두리에도 사연이 7

나는 신을 벗고 안으로 들어갔다. 필연적으로 퀴퀴한 냄새가 났다. 이 집에 사는 누나는 그 냄새를 알지 못하리라. 서재 문을 열었다. 더욱 퀴퀴한 냄새가 났다. 벽을 빙 둘러 책꽂이가 있고, 무수히 많은 책들과 살림살이, 잡동사니, 박스들이 쌓여 있었다. 서글픔이나 안타까움은 들지 않았다. 이미 집안에 들어섰을 때 1/3이 사라진 모습으로 인해 마음을 다잡았기 때문이었다. 빠른 눈으로 책들을 살폈다. 5~6살 때부터 내 눈에 익었던 책들이 그대로 있었다. 그중 1980년대 이전에 간행된 책 중에서 얼추 몇 권만 적어본다.

● <한글학회 큰 사전> 전6권, 한글학회, 을유문화사, 1957년

* 이 사전은 미국 록펠러재단(Rockefeller Foundation)의 원조를 받아 제작되었다. 헌책방에서 약 10만 원에 거래된다.

● <가람文選 문선>, 李秉岐(이병기), 新丘文化社(신구문화사), 1966년

* 시조시인 가람 이병기는 1891년 전북 익산군 여산면 원수리에서 태어났다. 아버지와 고향이 같다. 가람의 생가는 전라북도 기념물 제6호로 지정되어 있다.

● <韓國民俗大觀 한국민속대관> 전6권, 高大民族文化硏究所(고대민족문화연구소), 高大民族文化硏究所 出版部(고대민족문화연구소 출판부), 1982년

● <韓國 한국의 旅行 여행> 전8권, 中央書館(중앙서관), 1983년
● <文庫版 人生 문고판인생>, 崔臣海(최신해), 正音社(정음사), 1968년 (7판)

* 최신해는 수필가 겸 정신과 의사이며, 한글학자 외솔 최현배(崔鉉培)의 아들이다.

● <證言 증언> 曺斗鉉(조두현) 시집, 一志社(일지사), 1970년

* 근정(槿丁) 조두현은 호남지방에서 활동했던 시인이다.

● <환상의 재난>, E.S. 가드너, 지소림추리문고 1004, 1976년

* 얼 스탠리 가드너는 미국의 추리소설 작가이다. 영화 <쇼생크 탈출>에서 이 작가의 이름이 거론된다. 이 책이 왜 있는지 의아하다.

● <하늘의 별처럼, 들의 꽃처럼>, 金亨錫(김형석), 主婦生活社(주부생활사), 1979년

* 수필가 겸 철학자이자 연세대 교수. 60~80년대에 많은 책을 간행하여 청년들의 사랑을 받았다. 그중 <영원과 사랑의 대화>가 유명하다.

● <鷺山文選 노산문선>, 李殷相(이은상), 永昌書館(영창서관). 단기 4287년(1954, 초판)

* 시 '가고파'로 유명한 노산 이은상의 시·수필·기행문집. 1942년 간행된 초판은 약 150만 원에 거래되며, 광복 이후 간행된 초판은 약 20만 원에 거래된다.

* 판권 페이지에는 이승만 정권 시기에 제정한 '우리의 맹세'도 함께 인쇄되어 있다.

1. 우리는 대한민국의 아들 딸, 죽음으로써 나라를 지키자.
2. 우리는 강철같이 단결하여 공산 침략자를 쳐부수자.
3. 우리는 백두산 영봉에 태극기 날리고 남북통일을 완수하자.

'우리의 맹세'는 1949년 7월~1960년 4.19 혁명까지 11년 동안 한국에서 발행된 모든 교과서와 책의 뒷면에 의무적으로 인쇄되었다. 1980년대까지 레코드판의 마지막에 속칭 '건전가요'를 의무적으로 삽입한 것도 같은 맥락이다.

● <林語堂 全集 임어당전집> 전5권, 徽文出版社(휘문출판사), 1968년 5판

* 임어당은 대만을 대표하는 작가 겸 지식인이다. 이 전집은 1960~70년대에 베스트셀러였다.

● <李箱 全集 이상전집>, 1 창작집, 2 시집, 3 수필집, 泰成社(태성사), 단기 4291년(1958)

* 이상은 본명이 김해경(金海卿)이며 '강릉 김씨'이다. 시조는 <금오신화>로 유명한 매월당(梅月堂) 김시습(金時習)이다. 나 역시 강릉 김씨로 김시습의 후손이며 이상과 똑같은 경(卿) 돌림이다.

● <世界百科大事典 세계백과대사전> 전12권, 양장본, 케이스입, 學園社(학원사), 1968년 수정증보판

* 1950년대에 그 유명한 학생잡지 <學園 학원>을 펴낸 출판사이며, 우리나라 최초로 현대적 백과사전인 <세계백과대사전>(전6권)을 1958년 간행했다. 아버지가 소유한 백과사전은 10년 후에 펴낸 수정증보판이다.

* 어렸을 때 이 사전의 분류 제목 'ㄱ-공, 공-기, 기-델, 델-모, 모-벽, 벽-생, 생-신, 신-왕, 왕-자, 자-청, 청-학, 학-힛'을 보고 무척 궁금해 했던 그 책이다.

잡지 창간호는 종류가 다양했다. 1976년 3월 창간된 <뿌리깊은나무>를 시작으로 약 800여 권의 잡지/신문 창간호가 있었다(<뿌리깊은나무>는 낱권으로 헌책방에서 2만~3만 원에 거래되며, 창간호부터 폐간호까지 전체 52권은 500만~1천만 원을 호가한다). 1980~90년대에 발행된 다양한 기업들의 사보(社報), 예컨대 <현대건설 사보> 등도 50여 권 있었다(이 사보들은 어쩌면 헌책방에서도 거래되지 않을 것이다).

그 외에 <웅진여성>(1991년 10월, 웅진), <季刊美術 계간미술>(1976년 겨울호, 중앙일보) 등 700여 종의 잡지 창간호와 <한겨레신문>(1988년 5월 15일) 등 100여 종의 다양한 신문 창간호가 있었다.

잡지와 신문 창간호를 나열하는 것은 별다른 의미가 없다. 다만 지난 40여 년 동안 한국의 정치, 경제, 사회, 문화, 문학, 교육, 오락, 생활 등이 어떤 변천을 겪어왔는지 파악할 수 있다는 의미만 있을 뿐이다. 800여 종의 창간호 중에서 현재까지 발행되고 있는 잡지는 대략 10여 종에 불과했다. 즉 1.2%만이 살아남았다는 뜻이다.

분실되거나 폐기되어 아쉬운 잡지는 <선데이서울>이었다. 우리나라의 이른바 '옐로우 저널리즘'(황색 잡지)의 황제이자 표상으로 불리는 <선

데이서울>은 내가 국민학교 4~5학년 때부터 <샘터>와 더불어 집안 여기 저기에 있었다. 아버지가 산 것이 아니라 하숙생 형들이 산 것들이었다. 형들이 다 읽고 나면 내 차례가 되어 수영복을 입은 여자들의 원색 사진에 흠뻑 빠져들곤 했다. 그리고 이것이 진실일지, 거짓일지 판단하기 어려운 연애 가십거리, 정치폭로 기사, 추적 탐방 기사들을 흥미진진하게 읽었다. 유호(兪湖, 본명: 유해준, 1921~2019, 노래 '신라의 달밤'의 작사가이자 드라마 작가, 소설가)의 소설들도 간혹 읽었으나 딱히 기억나는 것은 없다. 하지만 서민의 벗이었던 <선데이서울>은 재래식 변소에서 휴지 대용으로 사용되기 위해 분해되었고, 아궁이에서 불쏘시개로 불태워져 단 1권도 남지 않았다. 정말 애석한 일이다.

* <선데이서울>은 인터넷 헌책방에서 1980~90년대 판본은 3만~5만 원에 거래된다. 1960~70년대 판본은 구하기가 쉽지 않다.

그 외에 인사동에 가면 볼 수 있는 누런 표지의(대부분 조선시대 말) 고서(古書)인 <小學 소학>, <論語集註 논어집주>, <孟子諺解 맹자언해>, <兒戲原覽 아희원람>, 필사본 <춘향전>, <全韻玉篇 전운옥편>, <蒙語 몽어> 등이 약 350여 권 있었다. 그중 50여 권은 책 제목이 없는 고시(古詩) 필사본이었다. 이 고서들은 30여 년 동안 관리가 안 되어 상태가 매우 나빴다. 내가 고등학교 때 한 지식인이 집에 찾아와 아버지에게 물었다.
"저 고서들 중에 희귀한 책이나 놀라운 책이 있지 않을까요?"
"그렇지는 않을 겁니다. 대부분 고물상과 헌책방에서 샀는데 '낱권에 얼마'식으로 계산하는 것이 아니라 '10kg에 만원'씩 그렇게 샀거든요. 파는 사람이 일일이 살펴보았을 겁니다. 혹여 보물급 고서를 그 사람들이 그렇게 허투루 팔지는 않지요."

나는 고서들이 존재하고 있다는 것에 일단 안도했다. 홍정훈이 팔아치웠을지도 모른다는 불안감이 있었기 때문이었다. 작은누나는 나의 불안감을 해소시켜 주었다.

"형부는 책에 관심이 없어서 이것들은 손을 안 댔지. 그 대신 옛날 도자기들과 골동품은 죄다 팔아치웠지."

그러나 완전히 안심하기는 일렀다. 그가 고서의 가치를 알고 언제든 집에 들이닥쳐 가져갈 수도 있었기 때문이었다. 큰누나가 사망한 지 10년이 다 되어가지만 처량한 우리 가족은 그녀의 남편이었던 홍정훈의 손아귀에서 여전히 벗어나지 못하고 있었다.

'이 고서들을 어떻게 하나?'

딱히 해결 방법이 떠오르지 않았다. 그러나 일단 가져오기로 했다. 왼쪽 책꽂이에는 검은색 혹은 밤색 다이어리와 두꺼운 대학노트 수십 권이 꽂혀 있었다. 아버지의 일기장으로 추정되었다. 나는 펼쳐보지 않았다. 23년 전, 그 일기 중 하나를 보았던 기억이 떠올라서였다. 1981년 큰누나가 결혼한 이후 일기장에 좋은 내용이 기록되어 있을 것이라고는 생각되지 않았다. 그보다는 아버지의 진짜 인생을 굳이 알아야 할 이유가 없었다.

일기장에는 '하나밖에 없는 아들'에 대한 추억, 사랑과 근심, 고통과 격려, 회한과 그리움도 분명 있을 것이었다(그보다는 큰딸에 대한 자긍심과 그리움이 더 많이 있을 것이었다). 문득 안톤 슈낙의 글이 떠올랐다.

울음 우는 아이는 우리를 슬프게 한다— 숱한 세월이 흐른 후에 문득 발견된 돌아가신 아버지의 편지. 편지에는 이런 사연이 씌어 있었다.
'사랑하는 아들아, 네 소행들로 인해 나는 얼마나 많은 밤을 잠 못 이루며 지새웠는지 모른다……'
대체 나의 소행이란 무엇이었던가. 하나의 치기어린 장난, 아니면 거짓말, 아니면 연애 사건이었을까. 이제는 그 숱한 허물들도 기억에서 사라지고 없는데 그때 아버지는 그로 인해 가슴을 태우셨던 것이다.
― 안톤 슈낙 <우리를 슬프게 하는 것들>

내가 일기를 펼쳐 아들에 대한 사랑을 확인한다면, 그리하여 부자간의 천륜을 확인한다면 그것은 아버지와 내 인생에 대한 모욕일 수도 있었다. 아버지는 아들을 잊지 못했을 것이며, 그 깊은 사랑을 아들이 확인할 것이라 믿었을 것이다. 그 믿음을 일기에 또박또박 적었을 것이다. 그러나 나는 아무것도 확인하고 싶지 않았다. 지나간 것은 이미 지나간 것이었다.

103일 만의 해후

　서재에서 나와 안방으로 들어갔다. 사진을 담은 액자 하나가 벽에 걸려 있었다. 큰누나의 대학졸업 사진이었다. 학사모와 가운을 입은 사진 속 24살의 큰누나는 미모와 고독의 표정이었다. 내가 처음 보는 사진이었다.
　이 사진이 어디에서 튀어 나왔을까?
　죽은 큰누나의 사진은 아버지와 엄마의 불공정과 편애의 상징이었다. 아들딸 5명의 사진을 모두 걸어놓지 않고 오직 하나의 사진만 걸어놓은 것이었다. 아버지와 엄마는 인생 후반기에 그 사진을 보며 공부 잘했던 큰딸의 화려한 과거를 곱씹으며 살았을 것이다. 자신의 인생을 고통 속에 몰아넣고, 가문을 망친 딸이 그들에게는 인생의 전부였으리라. 나는 쓸쓸함이나 분노, 애증, 허무함은 떠오르지 않았다. 청와대에 일본 천황의 사진이 걸려 있다면 어떤 느낌이 들까?

소파에 앉아 잠시 쉬다가 거실 탁자 아래에 놓여있는 비누상자로 무심히 눈길이 갔다. 사진들이 담겨 있었다. 전부 흑백사진이었고, 크기는 제각각이었다(지금은 사진 규격이 통일되어 있지만 1970년대 중반까지만 해도 흑백사진은 크기가 여러 종류였다). 흑백사진은 50여 장이 넘었고, 전부 큰누나의 중학교, 고등학교 시절 사진이었다. 이 사진들이 왜 이곳에 있는지 알 수 없었으나 누가 이 사진을 보관해야 하는지는 분명했다.

큰누나의 외동딸 홍효민은 그 아버지가 홍씨이므로 당연히 홍씨이다. 나의 아버지와 엄마는 그 홍씨 외손녀에게 절대적인 애정을 기울였고, 적지 않은 돈을 썼다. 사실 따져보면 아버지 엄마가 자신의 삶과 자신이 낳은 5명의 자식들 중 4명을 희생시킨 까닭은 오로지 큰딸의 딸을 살리기 위한 것이었다. 나머지는 들러리에 불과했다.

그 딸은 의사가 되었고, 누군가와 결혼했다. 나는 홍효민의 남편이 누구인지, 자식을 몇을 낳았는지 알지 못하며, 알 필요도 없다. 만일 홍효민의 남편이 정씨라면 그들의 아들(딸)은 정씨가 될 것이다. 결국 아버지 엄마는 자신들이 낳은 김씨가 아닌, 외동 손녀 홍씨가 아닌, 정씨에게 모든 것을 쏟아부은 것이다. 이것이 '잘못'이라는 뜻은 절대 아니다. '문제'라는 주장도 아니다. 단지 '사실'이 그렇다는 것이다. 나아가 이러한 현상은 우리나라에서 갈수록 광범위하게 퍼질 것이다. 결혼하지 않고 혼자 살다가 죽는 사람들이 늘어나기 때문이다.

문제는, 홍씨 외손녀가 외할아버지(나의 아버지)를 고마워하는 마음이 티끌만큼이라도 있느냐는 것이었다. 고마워하기는커녕 훗날 기억이나 할 것이냐는 것이었다. 자신의 친엄마의 사진조차 모두 버리고 간 딸이 외할아버지를 기억이나 할까?

"지하에도 한번 가봐."

나는 사진들을 제자리에 돌려놓고 지하로 내려갔다. 수십 종의 허드레 물건 수십 가지가 무분별하게 쌓여 있었다. 먼지를 잔뜩 뒤집어 쓴 사과박스가 많았다. 그 위의 물건들을 옆으로 밀어내고 뚜껑을 살짝 들어보자 아니나 다를까 모두 책이었다. 동화출판공사의 <컬러판 세계의 문학대전집>(34권)도 그 안에 있었다. 작은누나가 탄성을 발했다.

"아! 이 책! 여기 있었구나."

"내가 중학교 1학년 때 아버지가 대한서림을 통해서 산 전집이야."

이 책을 뚜렷하게 기억하는 이유는 책 중간중간에 컬러 삽화가 있기 때문이었다. 다자이 오사무(太宰治)의 <사양>(斜陽)에 그려진 삽화가 특히 인상적이었다. 그러나 소설의 내용을 이해하지는 못했다. '이 전집을 어떻게 하나?' 딱히 해결 방법이 떠오르지 않았다. 나는 이미 3세트의 <세계문학전집>을 소유하고 있기 때문이었다. 아버지가 가진 책까지 합하면 <세계대백과사전> 역시 3세트였고, <한국민족문화대백과사전>은 2세트였다. 이 책들만 해도 벌써 225권이었다. 그리고 부피가 엄청 컸다.

지하창고를 나오면서 집 순례와 더불어 책 순례를 마쳤다. 결론의 첫 번째는 '집이 너무 볼품없이 변했다'이고, 두 번째는 '책이 너무 많다는 것'이었으며, 덧붙여 '원래 소유자는 이미 이곳에 존재하지 않는다'는 것이었다.

風雨書齋破(풍우서재파) 비바람에 서재가 부서지고
園皐蔓草深(원고만초심) 언덕에는 덩굴풀만 무성하구나
經營許多事(경영허다사) 허다한 일 겪어 보아도

誰識九原心(수식구원심) 누가 무덤 속 사람의 마음을 알리오
―이달(李達), 숙토정포루(宿土亭浦樓 토정포루에 묵으며)

핸드폰을 검색해 용달회사에 전화를 걸었다.
"여기 남중동 1가 88번지입니다. 1톤 트럭 서울 마포 연남동까지 얼마입니까?"
"언제 출발하는 데요?"
"7시에 여기로 오세요."
"화물이 무엇이죠?"
"전부 책입니다. 라면 박스로 100개쯤."
"잠시 후에 연락할게요."
10분 후 전화가 왔다.
"마침 서울 가는 용달이 있는데, 화주가 함께 갑니까?"
"네."
"20만 원인데… 가시면서 기사에게 커피 한 잔 사주세요."
집에 라면박스 100개가 있을 리 없었다. 슈퍼에서 끈 3뭉치를 사왔다. 그리고 엄청나게 빠른 속도로 책들을 꺼내 40권 단위로 묶기 시작했다. 워낙 많이 해 본 일이라 거칠 것이 없었다. 방의 책을 모두 묶자 45덩이가 되었다. 지하로 내려가 박스를 풀어 헤쳤다. 일일이 살펴볼 시간이 없었다. 우선 가져간 후 '소유/폐기'를 결정하기로 했다. 묶음은 70개가 약간 넘었다. 고서가 대략 400권, 근대도서가 300여 권, 1948년 간행된 <정음문고>를 비롯해 문고판이 200여 권, 잡지 창간호가 800여 권, 1950~70년대 간행된 <思想界 사상계>, <自由文學 자유문학>, <文學思想

문학사상>, <現代文學 현대문학> 등이 약 100여 권이었다(잡지의 제목이 한문이 아닌 한글로 된 <문학사상>, <현대문학>은 가져오지 않았다). 그러고도 3천여 권이 서재를 지키고 있었다.

아버지의 일기, 비망록, 기념패, 흑백사진들, 낡은 앨범들, 수없이 많은 이런저런 증명서와 서류들, 큰누나와 작은누나, 여동생들이 받은 상장들과 성적표, 끝없이 나오는 잡동사니들... 모두 무의미했다. 죽기 전에 모든 흔적을 없애야 한다는 교훈을 아버지는 남겨주었다.

"지금 가져갈 때 다 가져가라. 나중에 또 가져가려면 번잡하니까."

"이 책들도 너무 많아. 서울에 가면 반은 버릴지도 몰라."

"다 끝났으면 저녁 먹으러 가자."

6시 15분이었다. 동네를 한 바퀴 돌고 추어탕집으로 들어갔다.

"그 책들이 너에게 도움이 될까 싶다. 나머지 책은 내가 상황 봐서 모두 처리할게."

나는 고개를 끄덕이고 집에 대해 말했다.

"내 생각에... 나는 이 집을 남성고등학교에 기증했으면 해."

"... ..."

"어쨌든 아버지와 나의 자랑스런 모교이고, 아버지가 평생을 봉직했던 곳이니까."

"... ..."

파란 1톤 트럭은 이미 도착해 있었다. 서울 차였다. 기사는 고서 묶음을 보자 깜짝 놀랐다.

"뭐, 조상 중에 장원급제 하신 분이 계세요?"

"장원급제했으면 여기 살았겠습니까? 경복궁 옆에 살았겠지요."

"딴은!"

누나는 손을 흔들었다.

"조심해서 가라. 다음에 보자."

다음에?

그때가 언제일지 모르지만 분명 한번쯤은 더 볼 것이었다. 나는 집을 다시 한번 둘러보았다. 아름다웠던 집, 드넓었던 집, 아침부터 밤까지 사람들이 복작댔던 집, 웃음이 끊이지 않았던 집, 봄부터 겨울까지 1년 내내 끊임없이 꽃이 피어났던 집, 나무들이 푸르렀던 집... 이제 모든 것들이 사라진 집.

나는 기사에게 도착지 주소를 알려주었다. 어스름한 어둠을 뚫고 트럭은 7시 22분에 출발했다. 아버지가 돌아가시고 103일만이었다.

물려줄 수 있기를 소망한다

인간은 죽음이 다가왔을 때 필연적으로 후회를 한다고 한다. 그는 자신이 '했던 일' 때문에 후회할까? 아니면 '하지 못한 일' 때문에 후회할까? 죄를 지어 교도소에 갔다온 사람은 자신이 저지른 죄를 후회할까? 아니면 프랑스 여행을 해보지 못한 것을 후회할까? 한 행위와 하지 못한 행위의 무게는 어느 것이 더 무거울까?

작은누나가 집의 처리 문제에 대해 단 한마디도 하지 않았고, 기부하자는 나의 제안에 가타부타 말이 없었던 것은 이미 결정되었기 때문인지도 모른다. 어쩌면 큰누나에게 전부 상속되었을 수도 있고, 큰누나의 딸에게 상속되었을 수도 있었다. 어떤 상속이든 나는 그 사실을 영원히 모른 채 죽을 수도 있다.

그때 나는 후회할까?

20억 원을 벌어 작은 도서관을 세우겠다는 결심을 이루지 못한 것을 후회할까?

"이 책 한번 보세요."
파주의 출판사에 일하러 갔다가 H 사장을 만나 핸드폰 사진을 보여주었다.
"노산 이은상 문집이네요. 오래된 책인데... 어디서 찍었어요."
"얼마 전에 돌아가신 아버지 서재에서 가져온 책입니다. 1954년 발행본인데 이 책 외에도 오래된 책들이 많이 있지요. 소장할 가치가 있을까요?"
H 사장은 대학 도서관장을 지내다 정년퇴임한 책 전문가였다. 고개를 흔들었다.
"판단하기 어려운데.... 자기 자신은 이 책들을 소장할 가치가 있다고 생각하지만 죽고 난 이후가 문제이지요. 후손 중에 한 명이라도 책을 사랑하는 사람이 있느냐가 관건입니다."
아버지의 서재에서 가져온 책은 고서가 357권, 옛 단행본이 212권, 창간호가 846권이었다. 고서 중에서 280여 권이 흔하디흔한 <四書三經>(사서삼경)>이었다. 그나마 특이한 고서는 <망우궤안 忘憂机案>이라는 책이었다. 네이버나 구글 그 어디에도 설명이 없었고, 내 주변 사람 그 누구도 정확한 뜻을 알지 못했다. '궤안'은 "책을 보거나 글씨를 쓰는 앉은뱅이책상"이라고 설명되어 있다. '망우궤안'을 굳이 해석하자면 "근심을 잊게 해주는 책"이다. 어떤 사람은 첫 글자가 忘이 아니라 忌(기)라고 지적했다. 그러면 <기우궤안>이 되고 뜻은 "근심을 피하게 해주는 책"이 된다. 뒷표지에는 '御篆 八'(어전 8)이라는 소제목이 있고 그 옆으로 7명의 이름이 한문으로 쓰여 있었다.

● 金振興 (김진흥) : 조선 중기의 역관(譯官), 서예가
● 韓濩 (한호) : 그 유명한 한석봉(韓石峯)이다.
● 李玉山 (이옥산) : 조선 중기의 문인. 신사임당의 아들이다.
● 黃孤山 (황고산) : 황기로(黃耆老) 조선의 명필가
● 楊蓬萊 (양봉래) : 양사언(楊士彦) 조선의 4대 명필 중 한 사람
● 申氏夫人 (신씨부인) : 신사임당(申師任堂)으로 추정되나 정확하지는 않다.
● 朱元章 (주원장) : 명나라를 건국한 명태조(明太祖). 章은 璋의 오기(誤記)이다.

소제목에는 '8명의 글씨'라 했는데 적힌 이름은 7명이었다. 책이라기보다는 글씨 모음 서첩(書帖)으로 안에는 8명의 붓글씨가 담겨 있었다. 문제는 이 글씨들이 본인들의 친필인지, 모방한 것인지, 탁본인지 알 수 없다는 것이었다. 책의 원주인이 글씨를 연습하기 위해 8명을 일일이 찾아다니며 직접 글씨를 받았다면 친필일 것이지만, 현실적으로 그러하기는 불가능했기에 모방한 글씨 혹은 베낀 글씨로 생각되었다. 다만 이 8명의 붓글씨를 보며 "근심을 잊어버리겠다"는 마음으로 제목을 '망우궤안'으로 지었다는 여유로움에 공감이 갔다. 가장 아쉬운 책은 <하늘과 바람과 별과 시>였다. 네이버에는 이 책에 대해 이렇게 소개되어 있다.

B6판. 72면. 작자의 유고시집으로, 초간본은 1948년 정음사(正音社)에서 간행하였다. 정지용(鄭芝溶)의 서문과 강처중(姜處重)의

발문 및 유령(柳玲)의 추모시와 더불어 '서시'(序詩)를 포함한 31편의 시가 3부로 나뉘어 수록되어 있다.

아버지가 소유한 시집도 그때 판본으로 추정되었다. 크기는 손바닥만 했고, 종이는 보풀이 일어나는 누런 갱지였으며, 깨알 같은 납활자로 찍은 것이었다. 제목 '하늘과 바람과 별과 詩(시)' 아래에 '尹東柱 遺稿詩集'(윤동주 유고시집), '正音社'라 인쇄되어 있었다. 그럼에도 아쉬운 까닭은, 앞표지만 있을 뿐 70쪽 이후는 떨어져 나가 판권과 뒷표지가 없다는 것이었다. 그러면 이 시집이 오래된 것은 분명하지만, 언제 간행된 판본인지 증명할 수 없다는 것이었다. 어떤 사람이 분명 눈앞에 존재함에도 그의 주민등록이 없다면 이름과 나이, 고향을 증명할 수 없는 것과 똑같았다. 이 시집은 전체를 코팅해서 잘 보관하는 것이 최선의 방책이었다.

며칠 후 고서 전문가 한 명이 내 집필실을 찾아와 고서들을 주욱― 훑어본 후 판정을 내렸다.

"이 고서들을 사려면 1권당 최소 2~3만 원은 주어야 합니다. 350권을 사려 한다면 500만 원은 주어야겠지요. 그러나 이 책들을 팔려고 하면 전부 50만 원도 받기 어려울 겝니다."

아버지가 평생 모았던 책을 팔 생각은 눈곱만큼도 없었고, 설사 그렇다 하여도 50만 원에 팔 수는 없었다. 차라리 누군가에게 기증하는 것이 나을 것이었다. 내가 원래 소유했던 책은 집필실에 3,000여 권, 집에 1,500여 권이었고, 아버지가 소유한 책은 4,000여 권이었다. 합해서 대략 9,000여 권이 넘었다.

아버지가 나에게 물려준 것이 책이 아니라 삼성전자 주식이었다면?

혹은 애플 주식이었다면, 순금이었다면, 땅이었다면, 그림이었다면, 고려·조선 시대의 도자기였다면 나는 행복했을까? 아버지를 진심으로 우러러 보았을까?

9,000여 권의 책 중에서 살아남은 책은 2,200여 권이었다. 3~4년 지나 한번 더 정리하면 1,200권 쯤으로 줄어들 것이었다. 내가 죽은 후에 그 책들은 어떻게 될까?

나의 딸은 미술학도였다. 책에 관심이 없었으며, 사위도 마찬가지였다(그래서 나는 그들이 잘살리라 믿는다). 내가 죽은 후에 폐기될 확률이 높았다. 그것보다는, 딸에게 물려줄 것이 책밖에 없을지도 모른다는 현실이 서글펐다. 책의 무의미성을 잘 알기 때문이었다. 하지만 한 줄기 희망은 있었다. 손자가 두 명이라는 사실이었다. 둘 중 하나라도 책을 사랑한다면 물려줄 수 있었다. 적어도 16살에 이르면 그 성향을 어느 정도는 파악할 수 있을 것이었다.

나는 그때까지 기다리기로 했다. 10년 후 만약 손자들이 책에 관심 없다는 것이 느껴지면 그때 미련없이 폐기하기로 마음먹었다. 그러하면서도 마음 한구석에서는 손자 중 한 명이 '외할아버지가 남긴 책'과 '외할아버지의 아버지가 남긴 책'들을 길이길이 간직하기를 바랐다.

이 슬픈 소망은 이루어질까?

고난의 시절에 나는 정희성의 시 '저문 강에 삽을 씻고'를 가장 좋아했다.

<u>흐르는</u> 것이 물뿐이랴
우리가 저와 같아서

강변에 나가 삽을 씻으며
거기 슬픔도 퍼다 버린다.
― 정희성 '저문 강에 삽을 씻고', 1978년

나이가 들어가면 단점도 늘어난다. 그중 하나는 세상을 너그럽게 보는 것이다. 그래서 좋아하는 시도 바뀌었다.

모든 순간이 다아 꽃봉오리인 것을,
내 열심에 따라 피어날 꽃봉오리인 것을!
― 정현종 '모든 순간이 꽃봉오리인 것을', 1989년

시를 해석하는 사람들이 많다. 교과서에서도 시를 해석하고, 자칭 평론가라는 부류들도 시를 해석하고, 인터넷의 무수히 많은 사이트에서도 시를 해석한다(심지어 영화를 해설하는 사람조차 있다). 부질없는 짓들이다. 시는 그저 시이다. 시를 해석할 수 있는 사람은 ―그 시인을 포함해― 아무도 없다.

다만 내가 열심히 하지 않아 꽃봉오리를 피워내지 못했다는 자책감이 드는 것만은 분명하다. 내가 만약 22년 전, 혹은 57년 전 나 자신을 버리고 세상을 너그럽게 대했다면 아버지를 이해했을 것이다. 모든 일에 사랑을 가지고 열심히 했다면 작은 꽃봉오리 하나라도 피워냈을 것이다. 그러나 어리석은 마음은 나와 아버지를 이어주지 못했고, 꽃은 피어나지 않았다.

나는 인생 자체가 후회의 집합체이다. 했던 행동도 후회 투성이고, 하지 못한 행동 역시 후회로 가득 차있다. 그러나 아버지와의 관계를 후

회하지는 않는다. 그 반대로 내 마음은 평안하다. 한 가지 소원은, 내가 아버지의 책을 물려받았듯 누군가 이 책을 물려받아 아름다운 꽃을 피워내는 것이다.

이 서글픈 소망은 이루어질까?

나는 여전히 어리석다

이른바 '국민 빚쟁이'로 유명한 가수 이상민은 SBS '미운우리새끼'에 출연해 기타를 치려 하는 배우 임원희에게 이렇게 말했다.

"기타 치지 마. 기타 치면 슬퍼져."

사람마다 다르겠지만 나는 이 말에 감동을 받았다. 사실 기타 소리는 심금을 울리게 하는 묘한 매력이 있다.

나는 책을 보면 슬퍼진다. 그래서 연남동 집필실 의자에 앉아 있으면 언제나 슬픔에 잠긴다. 내 앞 책꽂이에도 책이 있고, 옆 책꽂이에도 책이 있고, 뒤편 책꽂이에도 책이 있다. 다 꽂을 수 없어 창고 구석에 쌓아둔 책만 500여 권이 넘는다. 강연을 가면 "책을 읽지 말라"고 힘주어 말하면서도 아침에 출근할 때면 가방에 책을 두 권 넣고 전철 속에서 읽는다.

30년 전에 읽었던 장 그르니에(Jean Grenier)의 <섬>(Lesîles)을 다시 읽으면서 왜 알베르 까뮈는 이 책을 읽었을까? 추론해본다.

● <섬>(Les Îles), 장 그르니에, 김화영 옮김, 민음사 이데아총서 28, 1988년 1월, 7판

* 이 책은 1933년 간행되었다고 기록되어 있다. 우리나라에서는 1980년 12월에 첫 번역된 것으로 추정된다. 무려 47년 만에 소개된 것이다.

나도 그런 책을 쓰고 싶어 열심히 원고를 작성해 출판사에 가지고 가면 사장(혹은 편집자)은 칭찬을 한다.

"매우 좋은 원고입니다. 이 시대의 독자들에게 마음의 위안이 되는 책입니다. 그러나... 1권도 팔리지 않을 것입니다."

"……"

"작가님은 SNS를 하셔야 합니다. 트위터도 하고, 페이스북도 하고, 인스타그램도 하고, 유튜브도 하셔야 합니다. 그래야 책이 팔립니다. 돈이 드는 것도 아닌데 왜 안 하십니까? SNS를 하기 전에는 책을 내주기 어렵습니다."

진정 맞는 말이다. 그러함에도 나는 지하 창고 집필실에 홀로 앉아 빗소리를 들으며, 바람소리를 들으며, 사람들의 분주한 발자국 소리를 들으며, 흘러간 옛노래를 들으며 옛날 책을 읽는다. 아버지도 그러했다. 근면, 성실, 명민함으로 평생 공부를 하고, 독서를 하고, 헌책방 구석에 놓여있는 고서를 보면 그 푸대접이 가슴 아파 주머니를 털어 사가지고 오고, 고2 때부터 60여 년 동안 시를 썼으나 그 이름을 세상에 알리지 못했다. 더불어 가정사는 좌절과 의절, 안타까움으로 점철됐다. 그래서 나는 책을 보면 슬퍼지고, 화가 난다.

출판사를 순례하고 나올 때면 새로운 책이 한 권, 두 권씩 내 가방에 담긴다.

● <예술가의 편지 – 다빈치부터 호크니까지>, 마이클 버드, 미술문화, 2020년

* 어떤 편집자가 가지고 있는 책을 얻어왔다.

● <레드북>(RED BOOK), 칼 구스타브 융, 부글북스, 2020년

* A 출판사 P 사장을 통해 이 책을 얻었다. 융이 직접 그린 컬러 그림이 다수 들어있는, 매우 특이하고 재미있는 책이다.

어쩔 수 없이 내 곁에는 책들이 늘어나고 그만큼 자리는 비좁아지고 내 슬픔도 덩달아 늘어난다.
내 집필실에서 100여 미터 떨어진 곳에 있는 N 출판사 사장 J는 ─앞에서도 말했듯─ 레코드를 2만여 장 소유한 음악광이다. 나는 종종 그곳에 들러 커피를 마시며 이런저런 이야기를 나눈다.
7월 어느 날, 이야기를 마치고 나올 때 출입구에 쌓여있는 책 한 권을 무심히 들었다. <브릿팝>(BRITPOP)이라는 책이었다. 1990년대 초반 영국에서 유행한 모던록을 정리한 644쪽짜리 예쁘장한 음반 가이드북 (2020년 6월 간행)이었다.
"필요하면 가져가세요."
"잘 볼게. 고마워."
나는 책을 옆구리에 끼고 밖으로 나왔다. 여름해가 서서히 지고 있었

다. 경제/경영 출판사에 가면 주식투자 가이드북, 돈을 굴리는 방법, 부동산투자 성공 비법서를 안겨준다. 그런 책들은 받지 않는다. 나에게 필요 없기 때문이다. <브릿팝>을 옆구리에 끼고 걸어오면서 '과연 이 책은 필요한가?' 나 자신에게 물었다. 답은 명확하다.

아무런 필요 없다. 자리만 차지할 것이고, 3~4년 후에 버릴 것이 분명하다. 정작 필요한 주식투자 가이드북은 사절하면서 눈곱만큼도 알지 못하는 영국 모던록에 관한 책을 들고 오는 이유는 무엇인가?

어쩔 수 없이 내가 아버지를 닮았기 때문이었다. 그저 책을 좋아했던 아버지의 피를 물려받은 미련하고 가난한 작가, 그게 바로 나였다. 책 한 권을 얻으면 소풍날 보물찾기에서 도장 찍힌 쪽지를 바위틈에서 찾아낸 소년처럼 마냥 기쁘기만 했다. 그것이 삶에 아무런 도움을 주지 않는다는 것을 ―오히려 삶을 더 곤궁하게 한다는 것을― 50여 년 동안 처절하게 깨달아 왔으면서도 책이 주는 아름다운 운명을 거절하지 못했다.

어리석은 나는 책을 옆구리에 꽉, 끼고, 아버지의 유해가 봉안되어 있는 저 멀리 남서쪽 하늘을 바라보며 바보처럼 히죽, 웃었다.

에필로그

1. V 사장이 읽은 두 권의 책은 <삼국지>와 <그리스로마신화>였다. 그는 동양과 서양을 대표하는 책 두 권만 읽으면 세상을 다 알 수 있다고 했다. 나쁘지 않은 독서이력이라 생각한다.

2. 2021년 5월 26일(수)에 군산 중앙고등학교에서 (철저한 방역을 한 후에) 학생들을 상대로 강연을 했다. 그 학교에 경제/사회 교사로 근무하는 김세종은 이리중학교 동창이다. 1학년 때 나, 김세종, 안상근 셋이 앞뒤로 앉아 매우 친하게 지냈다. 우리 셋은 처음에는 성적이 비등비등했는데 시간이 지날수록 나만 뒤로 처져 서서히 친분이 약해지고 말았다. 둘과 연락이 끊어졌으나 2005~6년 즈음 김세종이 연락을 해와 그와 다시 만나게 되었다. 1977년 중학교 졸업하고 근 30년 만에 만난 것이다. 이후 또 다른 중학교 동창 최인규(법대 및 카투사(KATUSA) 출신 농부)와 셋이 군산,

전주, 익산을 돌아다니며 여러 차례 만나 즐거운 시간을 보냈다. 김세종의 청으로 중앙고등학교 <법 정치 학술동아리 디카이온(Dikaion)>에 소속된 학생 20여 명을 대상으로 강연(이라기보다는 이야기 및 질문/대답, 토론)을 했다. Dikaion의 정확한 뜻은 알지 못하겠는데 인터넷에는 '정의'(正義)라고 소개되어 있다.

 여하튼 강의는 저녁 7~9시였기에 익산 남중동 집에 일찍 내려가 아버지 책들을 다시 훑어보고 80여 권을 택배로 보냈다. 그러고도 시간이 많이 남아 아버지의 비망록을 무심히 펼쳐 보았다. 대략 30여 권의 비망록에는 일기, 수필, 시, 등산일지 등이 볼펜 글씨로 적혀 있었다. 아버지는 노트에 무언가를 기록할 때 오른쪽 면에만 기록을 한다. 왼쪽 면은 비워 놓고, 후에 주(註)를 붙인다거나 수정을 할 때만 사용한다. 노트를 낭비한다고 생각할 수 있지만 아버지는 가난하게 성장했으면서도 공부에 대해서만은 돈을 아끼지 않았다.

 아버지가 쓴 시는 대략 130여 편이었다. 그중 몇 편을 골라 공개한다.

흰 찔레꽃

꾸꾸기 밤새워 우는 날이면

밭머리 외따로 찔레꽃 피오.

한 마리 거들떠 볼 참새도 없이

돌담불 언덕에 찔레꽃 피오.

마음은 젊음이 하냥 그리워

송화가루 날리는 바람결에도

시나브로 하나둘 흩어져가오.

갈메봉 골짜기 흰 찔레꽃

두견새 밤새워 우는 날이면

성황당 돌담불에 찔레꽃 피오.

* 덧붙임

1) 아버지의 메모에 의하면 1952년 남성고 2때 교내 문학상에 응모해 입상한 시라 한다.
2) '꾸꾸기'는 뻐꾸기의 사투리이다.
3) '갈메봉'은 아버지의 고향 여산에 있는 산의 이름이다. 어렸을 때 큰집에 가면 사촌형, 사촌누나들과 함께 이 산에 오르곤 했다.

고소공포증

대전은 직행버스로 한 시간 거리

아들이 사는 집은

승강기를 타고도 한참 올라가야 되는

20층짜리 고층APT의 맨 꼭대기 층이다.

이렇게 높은 자리에서

밥을 먹고

잠을 자고

창밖을 보면 보문산 정상이 마주 보이고

내일 새벽엔 구름이 와서

넘실거릴지도 모른다.

집주인은 집을 비우라 한다는데

이사 한번 가는데

아들의 반달 급료가 다 들어간다니

나는 요즘 지병인

현기증이 또 일어난다.

우러러 추앙한 일 없고

굽어서 부감한 사실이 없지만

나는 이즘 고소공포증에서

매일 위경련을 경험한다.

― 1995년

* 덧붙임
1) 나는 1995년 회사를 다닐 때 1년여 동안 대전에서 지점장을 맡았다. 익산과 대전은 1시간 거리여서 아버지와 가족들이 종종 놀러왔다. 또 엄마의 6순 저녁식사 모임도 그곳에서 조촐하게 치렀다. 지금 생각하면 그때가 참 행복한 시절이었다.
2) '추앙'(推仰)은 "높이 받들어 우러러보다"의 뜻이고, '부감'(俯瞰)은 "높은 곳에서 내려다보다"는 뜻이다. 이 시에서 추앙과 부감이 무엇을 뜻하는지는 정확히 알 수 없다.

길을 가다가

길을 가다가 문득 생각해보니

무엇인가 잊고 온 것이 있는 것 같다.

무엇일까,

무엇을 놓고 오는 것일까.

걸어온 길을 되짚어

원점으로 거슬러 생각해보지만

무엇을 놓고 왔는지

무엇을 잊고 왔는지

까맣게 생각이 미치지 않는다.

정녕

무엇을 놓고 온 것 같다.

무엇을 잊고 온 것 같다.

6.25 전쟁 때

열여덟 살이던 단짝 동무가

의용군에 자원해 갈 때

나는 바보처럼 잘 다녀오라고 악수를 했다.

50년 세월이 헤프게 지나간 지금

그 친구는 돌아오지 않았다.

4.19 때

학생들이 교문 밖으로 뛰쳐나가

날마다 데모로 세월을 보낼 때

나는 뒷짐을 지고 그들 뒤를 졸래졸래 따르다가

교무실로 들어와 책상 앞에 멍청히 앉아

창 너머로 남의 일처럼 구경만 했다.

12.12의 메스꺼운 역사의 마디에서

학생들이 닭장차에 실려갈 때

누가 아는 형사 없느냐고 묻는 교장의 바보같은 물음에

바보같은 나는 바보같은 선생들과 함께

닭장차 버스가 떠나는 교문 밖을

바보처럼 바라보고 있었다.

무엇을 잊고 왔을까,

무엇을 놓고 왔을까.

오한처럼 전율되는 긴긴 세월에

사랑하는 마음이 하얗게 바래지고

정치, 사회면의 신문기사를

발기발기 찢어버리던 용기없는 울분을

믿음과 소망을 까맣게 잊고서

나는 왜 허망한 세월 앞에 서 있을까.

사랑하는 사람의 사랑을 잊어버린 채

계절이 바뀔 때, 계절의 아름다움을 잊어버린 채

다사로운 햇빛이 나의 등에 비추어 줄 때

달빛이 창가에 와서 나의 사념을 일깨워 줄 때

앉은뱅이 꽃 한 포기가 발걸음을 멈추게 할 때

나는 그냥 지나쳐 오고

지금 잊고, 잃어버린 세월들을

회한으로 바라본다.

돌아가면 있을까. 아직도 그 자리에 나를 기다리고 있을까.

희망, 우정, 사랑, 베풂, 아낌.......

내가 잊고 살았던 옛 것들이

아직도 그 자리에 있을까.

내가 놓고 온 것들이

내가 잊고 온 것들이

아직도 그 자리에 그냥 나를 기다리고 있을까.

― 1999. 1. 하순

* 덧붙임
1) 명시(名詩)의 반열에 오를 수 없는 시이지만 아버지의 지나온 세월을 가장 잘 보여주는 시라 생각한다.
2) 아버지는 평생 2권의 에세이집을 냈는데, 주변 사람들에게 나누어주는 것으로 만족했다. 우리 5명의 자식들은 아버지가 책을 내는 것에 대해 대부분 반대했다. 특히 나는 적극적으로 반대했다. 아무런 의미도 없고, 가치도 없는 사람들의 수준 낮은 괴발개발 에세이집을 너무 많이 보아왔기 때문이었다(또 내가 그런 책들을 대필해주었다). 나는 그런 행위를 '출판 공해'라 표현했다. 그럼에도 아버지는 자비를 들여 2권의 책을 냈다. 차라리 시집을 냈으면 더 좋았으련만 큰딸과 사위에게 헛되이 돈을 빼앗겨 시집은 내지 못하고 말았다. 안타까운 일 중의 하나이다.

3. 대형서점은 말할 것도 없고 청계천에 가면 무수히 많은 옛날 책들이 있고, 동네 헌책방에도 무수히 많은 옛날 책들이 있다. 팔려는 사람은 많아도 사려는 사람은 드물다. 인터넷 헌책방에 올라있는 책들도 수만 권이 넘는다. 역시 팔려는 사람은 많아도 사려는 사람은 드물다.

그러함에도, 앞으로도 책은 사라지지 않을 것이다. 그러나 사람의 삶에서 과연 책이 어떤 역할을 하는지 곰곰 생각해보아야 한다. 책은 결코 좋은 것이 아니다. 우리는 '출판 공해'의 시대에, 더 나아가 '출판 위선'의 시대에 살고 있다. 한 사람의 인생에 결정적 영향을 미치는 책은 사실, 오직 한 권에 불과하다. 그 한 권을 언제, 어떻게 선택할 것인지에 따라 인생이 달라진다.

이 도서는 한국출판문화산업진흥원의
'2021년 출판콘텐츠 창작 지원 사업'의 일환으로
국민체육진흥기금을 지원받아 제작되었습니다.

아버지의 서재
ⓒ 김호경, 2021

초판 1쇄 인쇄 2021년 11월 20일
초판 1쇄 발행 2021년 11월 26일

지은이: 김호경
펴낸이: 김영훈

ISBN 979-11-86559-68-0 (03810)
펴낸곳: 안나푸르나
출판신고: 2012년 5월 11일
주소: 경기도 고양시 덕양구 대덕로101번길 1-20
전화: 02-3144-4872
팩스: 0504-849-5150
전자우편: idealism@naver.com

✽ 저자와의 협의로 인지는 붙이지 않습니다.
✽ 이 책은 저작권법에 따라 보호받는 저작물이므로 무단 전재와 복제를 금하며, 이 책의 내용 전부 또는 일부를 이용하려면 반드시 저작권자와 안나푸르나의 서면 동의를 받아야 합니다.
✽ 유통 중에 파손된 책은 구입하신 서점에서 바꾸어 드리며, 책값은 뒤표지에 있습니다.